AMBROISE VOLL

RENOIR

ONZE ILLUSTRATIONS HORS-TEXTE
DONT HUIT PHOTOTYPIES

LES ÉDITIONS G. CRÈS & C°

21, RUE HAUTEFEUILLE, 21

PARIS VI°

MCMXX

AUGUSTE RENOIR

(1841-1919)

LES ÉDITIONS G. CRÈS ET Cie

AMBROISE VOLLARD

AUGUSTE RENOIR

(1841-1919)

AVEC ONZE ILLUSTRATIONS, DONT HUIT PHOTOTYPIES

PARIS

LES ÉDITIONS G. CRÈS ET Cⁱᵉ

21, RUE HAUTEFEUILLE, 21

MCMXX

AVIS AU LECTEUR

On trouvera dans cette édition quelques passages qui ne sont pas dans une grande édition illustrée, La Vie et l'Œuvre de Renoir, imprimée la première, mais qui n'a pas encore paru, les planches hors texte n'étant pas prêtes. Quelques variantes aussi seront constatées dans les deux éditions.

On doit considérer, en effet, que le présent ouvrage a été fait de mille touches : conversations à bâtons rompus avec Renoir, pendant une période de vingt-cinq années, à la fois sur les événements de sa vie et sur le mouvement de la peinture ancienne et moderne ; observation des faits et gestes du peintre ; observation de son entourage (la famille, ceux qui fréquentaient chez Renoir). Plus généralement encore, l'auteur s'est appliqué à présenter, à côté du peintre, le monde des Arts : les collectionneurs qui spéculent, les snobs de la peinture, les critiques, les Mécènes modernes...

Le lecteur pensera que, dans le classement d'une

grande quantité de notes, dans le rassemblement de souvenirs lointains, dans le travail de juxtaposition, de coordination d'éléments disparates, il a été possible que quelques détails aient été omis dans une première édition, que quelques rectifications aient été faites dans le présent livre.

A. V.

I

COMMENT JE FIS LA CONNAISSANCE
DE RENOIR

(1894)

Je désirais savoir qui avait posé pour un tableau de Manet que je possédais. C'était le portrait d'un homme campé au milieu d'une allée du Bois de Boulogne, coiffé d'un chapeau gris, habillé d'une jaquette mauve, d'un gilet jaune, d'un pantalon blanc, avec des escarpins vernis ; j'allais oublier une rose à la boutonnière. On m'avait dit : « Renoir doit savoir qui c'est. » Je m'en fus trouver Renoir qui habitait, à Montmartre, une vieille bâtisse appelée le *Château des Brouillards*. Dans le jardin, une bonne, l'air d'une bohémienne, ne m'avait pas plus tôt dit d'attendre, m'indiquant le couloir de la maison, qu'arrivait une jeune dame, toute la rondeur et la bonhomie de certains pastels de Perroneau, dans ses bourgeoises du temps de Louis XV : c'était Madame Renoir.

« Comment ? on ne vous a pas fait entrer ! Gabrielle ! »

Alors la bonne, surprise des reproches de sa maîtresse :

« Mais c'est plein de boue dehors ! Et puisque la Boulangère * a oublié de remettre le paillasson devant la porte ! »

Madame Renoir alla prévenir son mari, me laissant dans la salle à manger, où je pus admirer les plus belles toiles de Renoir que j'eusse encore vues.

Le peintre arriva bientôt.

C'était la première fois que je le voyais : un homme maigre, au regard perçant, très nerveux, donnant l'impression de ne pas tenir en place.

Je lui dis ce qui m'amenait.

« Votre homme, c'est M. Brun, un ami de Manet. Mais nous serons mieux, pour causer, là-haut ! Voulez-vous monter à l'atelier ? »

Renoir me fit entrer dans une pièce des plus banales, deux ou trois meubles disparates, un fouillis d'étoffes, quelques chapeaux de paille que le peintre aimait à chiffonner entre ses doigts, avant de faire poser ses modèles. De tous côtés, des toiles, tournées les unes contre les autres. J'observai, près de la chaise du modèle, avec encore leurs bandes, une pile de numéros de la *Revue Blanche*, une Revue de « Jeunes », très

---

* Surnom d'une autre bonne de Renoir.

appréciée du public, où je me rappelais avoir lu maint éloge de l'art impressionniste.

« Voilà, dis-je, une publication bien intéressante !

— RENOIR. Ma foi, oui ! c'est mon ami Natanson qui me l'envoie ; mais j'avoue ne l'avoir jamais ouverte. »

Et comme j'étendais la main, Renoir vivement :

« Ne dérangez rien, c'est disposé pour appuyer le pied de mon modèle. »

Renoir, assis devant le chevalet, avait ouvert sa boîte à couleurs. Je fus émerveillé de l'ordre et de la propreté que j'y voyais. Palette, pinceaux, tubes aplatis et roulés au fur et à mesure qu'ils se vidaient, donnaient une impression de netteté quasiment féminine.

Je dis à Renoir quel avait été mon ravissement devant deux nus de sa salle à manger.

« Ce sont des études d'après mes bonnes. J'en ai eu quelques-unes d'admirablement faites, et qui posaient comme des anges. Mais il faut ajouter que je ne suis pas difficile. Je m'accommode fort bien du premier cul crotté venu... pourvu que je tombe sur une peau qui ne repousse pas la lumière. Je ne sais pas comment font les autres pour arriver à peindre des chairs faisandées ! Ils appellent ça des femmes du monde !... En avez-vous jamais vu, des femmes du monde avec des mains qu'on aurait plaisir à peindre ? C'est si joli à peindre, des mains de femme, mais des mains qui se livrent aux travaux du ménage ! A Rome, à la Farnésine, il y a, de Raphaël, une *Vénus*, qui vient supplier *Jupiter* ; elle a des bras..., c'est délicieux ! On sent une bonne grosse commère qui va retourner à sa cuisine ; ce qui faisait dire à Stendhal que les femmes de Raphaël sont communes et lourdes ! »

Ma visite se trouva terminée par la venue du modèle. Avant de prendre congé, je demandai au peintre si je pouvais revenir le voir.

« Tant que vous voudrez ! Mais venez de préférence à la tombée de la nuit, quand j'ai fini ma journée. »

C'est que l'existence de Renoir était réglée comme celle d'un employé. Il allait à l'atelier avec la même ponctualité que le commis à son bureau. J'ajouterai qu'il se couchait de bonne heure, après une partie de dames, ou de dominos, avec Madame Renoir ; il aurait craint, en veillant, de compromettre sa séance du lendemain. Toute sa vie, peindre aura été son unique plaisir, son seul délassement.

Je me souviens de la rencontre que je fis, **vers** 1911, de Madame Renoir sortant précipitamment d'une maison de santé où Renoir devait être opéré le jour même.

« Comment va-t-il ?

— L'opération a été remise à demain... Excusez-moi..., je suis très pressée, mon mari m'envoie chercher sa boîte à couleurs. Il veut peindre des fleurs qu'on lui a apportées ce matin !... »

Renoir travailla à ces fleurs toute la journée ; il y travaillait encore le lendemain, lorsqu'on vint le chercher pour le porter sur la table d'opération.

Une autre fois, en 1916 (Renoir avait dépassé 75 ans), au cours d'un séjour que je faisais chez lui, à Cagnes, je fus frappé de son air subitement découragé.

Je lui parlai de la toile qui était en train.

« Je ne veux plus peindre... Je ne suis plus bon à rien... »

Renoir avait fermé les yeux avec un tel air d'abattement que, craignant d'être importun, j'étais descendu dans le jardin. Un instant après, je m'entendis appeler par la « grande Louise * ».

« Monsieur vous demande à l'atelier ! »

Je trouvai Renoir à son chevalet, un Renoir rayonnant... Il s'escrimait sur des dahlias.

« Regardez, Vollard, n'est-ce pas que c'est presque aussi brillant qu'une bataille de Delacroix ?... Je crois bien que, cette fois, je tiens le secret de la peinture !... Ah ! quel malheur que

---

* La vieille bonne de Renoir.

chaque progrès qu'on croit faire, c'est un pas qu'on fait vers la tombe !... Vivre encore un peu pour faire le chef-d'œuvre !... »

*
* *

On devine mon empressement à profiter de la permission que m'avait donnée Renoir, à la première visite que je lui fis, de revenir le voir.

Dès la semaine suivante, je retournai chez lui. C'était un soir, après dîner. Il venait de se mettre au lit.

« Étant seul ce soir, je me suis couché plus tôt que d'habitude. Gabrielle va me lire *La Dame de Monsoreau*. Je vous invite à la petite fête. »

Mais *La Dame de Monsoreau* était introuvable.

« Voyons, dit Renoir, Gabrielle, regardez un peu ce qu'il y a dans la bibliothèque ? »

Gabrielle, ouvrant un placard où gisaient pêle-mêle une vingtaine de volumes, énuméra : *Cruelle Énigme, Peints par Eux-Mêmes, Lettres à Françoise, La Confession d'un Amant, Deuxième Amour, Les Fleurs du Mal...*

Renoir, interrompant :

« Un des livres que je déteste le plus ! Je ne sais pas qui m'a encore apporté ça !... Si vous aviez entendu comme moi, n'était-ce pas Mounet-Sully ? réciter, dans le salon de Madame Ch..., *La Cha-*

rogne, et toutes ces dindes, autour, qui en bavaient...
C'est comme ces autres machines dont Gabrielle
vient de lire les titres. Mes amis ont voulu, de tout
temps, me faire avaler un tas de choses ; mais, à
la fin, on se rebiffe, n'est-ce pas ? »

Gabrielle continua : *Mon Frère Yves, La Chanson
des Gueux, Les Misérables...*

Renoir, qui écoutait, indifférent, étendit la main
à l'énoncé de ce dernier titre, comme dans un geste
de répulsion.

— Moi. On dit que les vers d'Hugo sont très
beaux...

— Renoir. Il faudrait être fou pour dire qu'Hugo
n'a pas de génie ; mais son art, tel qu'il est, m'est
horripilant ; et surtout, la haine que j'ai contre
cet homme tient à ce que c'est lui qui a déshabitué
les Français de parler simplement... Gabrielle, vous
irez sans faute demain m'acheter *La Dame de
Monsoreau.* »

Et, s'adressant à moi :

« Quel chef-d'œuvre !... Le chapitre où Chicot
bénit la procession...

— Monsieur, s'écria tout à coup Gabrielle, j'ai
trouvé un livre d'Alexandre Dumas ! »

Le visage de Renoir s'éclaira.

« Ah ! voyons ça ? »

Et Gabrielle, d'annoncer triomphalement : *La
Dame aux Camélias !*

« Jamais de la vie ! protesta Renoir. Je déteste tout ce qu'a fait le fils, et ce livre-là plus que tous les autres. J'ai toujours eu horreur de la pouffiasse sentimentale ! »

.*.

J'avais aperçu, sur l'étagère du buffet de la salle à manger, un petit service à café et deux bougeoirs en porcelaine décorés à la main, comme en peignent les jeunes filles bien appliquées.

Je pensais à un cadeau de fête.

« Ce sont les seules pièces qui me restent de mon ancien métier de peintre sur porcelaine, » me dit Renoir.

Et il me raconta quelques détails de sa jeunesse. Profondément intéressé par ce que j'entendais, je pris l'habitude, chaque fois que je voyais Renoir, de lui demander de me dire des choses de sa vie. C'est cette histoire de l'existence d'un grand peintre que je vais rapporter ici, avec la seule préoccupation de répéter fidèlement des paroles notées au jour le jour avec un soin pieux.

II

LES DÉBUTS

Renoir. — Je suis né à Limoges en l'année 1841.
Vous dirai-je qu'on se transmet, dans ma famille,
une légende sur notre nom ? Du moins, ma mère
m'a-t-elle souvent raconté comment mon grand-
père, de naissance noble et dont la famille avait
péri sous la Terreur, fut recueilli, tout enfant, et
adopté par un sabotier qui s'appelait Renoir. Quoi
qu'il en soit, lorsque je vins au monde, mon père
était un modeste artisan, qui, ayant grand'peine à
vivre dans son pays natal, devait bientôt aller chercher fortune à Paris. Ne me demandez pas de vous
parler de Limoges : j'avais à peine quatre ans lorsque j'en suis parti pour n'y plus revenir.

« A Paris, nous habitions une maison située
dans le morceau de la rue d'Argenteuil qui, par
son prolongement à travers le Carrousel, se trouvait comme enclavé dans l'enceinte du Louvre ;
de telle sorte que mes premières impressions d'en-
fance me font revoir le décor où Balzac a placé

les amours du baron Hulot et de Madame Marneffe.

« A l'école communale, où l'on m'avait mis, mes maîtres me reprochaient de passer mon temps à dessiner des bonshommes sur mes cahiers ; mais, bien loin de le déplorer, mes parents en étaient tout heureux, me voyant déjà décorateur sur porcelaine. Comme mon père était d'une ville célèbre par ses céramiques, il était naturel que la profession de peintre sur porcelaine lui apparût tout ce qu'il y avait de plus beau au monde, plus beau même que la musique, où conseillait de me pousser le professeur de solfège à l'école communale, lequel n'était autre que Gounod, âgé d'environ trente ans, et maître de chapelle à Saint-Eustache. Lorsqu'il fut bien décidé que j'étais destiné à devenir « artiste », on me mit en apprentissage à Paris chez un industriel qui avait une fabrique de terres vernissées. A l'âge de treize ans, je devais gagner ma vie. Ma besogne consistait à semer sur fond blanc des petits bouquets qui m'étaient payés à raison de cinq sous la douzaine. Quand il s'agissait de grandes pièces à orner, les bouquets étaient plus gros. De là, une augmentation de prix, minime, il est vrai, car le patron trouvait que, dans l'intérêt bien entendu de ses « artistes », il fallait se garder de les trop couvrir d'or. Toute cette vaisselle était destinée aux pays d'Orient ; j'ajouterai

que le patron prenait soin de mettre préalablement au dos de chaque pièce la marque de la
Manufacture de Sèvres.

« Lorsque je fus un peu plus sûr de moi, je lâchai
les petits bouquets pour me lancer dans la figure,
toujours aux mêmes prix de famine ; je me souviens que le profil de Marie-Antoinette me rapportait huit sous. La fabrique où je travaillais était
située rue du Temple. Je devais y être arrivé le
matin à huit heures. De dix heures à midi, en guise
de récréation, je courais au Louvre dessiner d'après
l'antique. Pour mes repas, je me contentais de
manger un morceau, n'importe où, au hasard de mes
courses. C'est ainsi qu'un jour où je me trouvais
dans le quartier des Halles, m'étant mis à la recherche d'un de ces marchands de vins qui vendent
des frites et du bœuf, je m'arrêtai, tout saisi,
devant la *Fontaine des Innocents*, de Jean Goujon,
que je ne connaissais pas. Du coup, je renonçai au
« bistro » ; j'achetai un peu de saucisson chez un
charcutier à côté, et je passai mon heure de
liberté à tourner autour de la *Fontaine des
Innocents*. C'est peut-être en souvenir de cette
très vieille rencontre que j'ai gardé une affection
toute particulière pour Jean Goujon. Quelle pureté,
quelle naïveté, quelle élégance, et, en même temps,
quelle solidité, dans la matière ! Les marbres d'aujourd'hui ont l'air d'être taillés dans du savon ;

chez les sculpteurs anciens, on dirait que c'est enlevé par copeaux, à gros coups de marteau, et, avec ça, ils vous donnent le grain de la chair !

« Germain Pilon a voulu refaire Jean Goujon, mais sans y réussir. Ses draperies sont trop compliquées. C'est terrible, la draperie, à faire ! Chez Jean Goujon, comme la draperie épouse bien la forme ! combien elle vous aide à voir la place du muscle !

« Mais où en étais-je ?... Ah ! je voulais vous dire qu'après cette récréation du déjeuner, au sortir du Louvre, je retournais à l'atelier où, jusqu'au soir, je peignais mes tasses et mes assiettes. Et ce n'était pas tout. Après le dîner, j'allais chez un vieux brave homme de sculpteur, qui exécutait, pour mon patron, des modèles de coupes et de vases. Il m'avait pris en amitié, et me témoignait son intérêt en me faisant copier ses modèles.

« Au bout de quatre années, mon apprentissage terminé, je voyais, à dix-sept ans, s'ouvrir devant moi la magnifique carrière de peintre sur porcelaine, à six francs par jour, lorsque survint une catastrophe qui ruinait mon rêve d'avenir.

« On venait de faire les premiers essais d'impression sur faïences et porcelaines ; l'engouement du public pour ce procédé nouveau avait été très vif, comme toutes les fois qu'on remplace le travail à la main par la mécanique. L'atelier ayant dû fermer, j'essayai de faire concurrence à la machine, en travaillant aux mêmes prix. Mais il me fallut bien vite y renoncer. Les marchands à qui je présentais mes tasses et mes soucoupes semblaient s'être donné le mot pour me répondre : « Ah ! c'est « fait à la main ! Notre clientèle préfère le travail à « la machine, qui est plus régulier. » Alors, je me suis mis à peindre des éventails. Ce que j'ai copié de fois l'*Embarquement pour Cythère* ! C'est ainsi que les premiers peintres avec lesquels je me familiarisai furent Watteau, Lancret et Boucher.

« Je dirai, avec plus de précision, que la *Diane au Bain* de Boucher est le premier tableau qui m'ait empoigné, et j'ai continué toute ma vie à l'aimer, comme on aime ses premières amours, encore que l'on ne se soit pas fait faute de me dire que ce n'était pas cela qu'il fallait aimer, que Boucher « ce n'était qu'un décorateur. » Un décorateur, comme si c'est une tare ! Et Boucher est encore l'un des peintres qui ont le mieux compris le corps de la femme. Il a fait des fesses jeunes, des petites fossettes juste ce qu'il faut. C'est drôle, de ne vouloir jamais donner à un homme ce qu'il a ! On vous dit : « J'aime mieux un Titien qu'un Boucher ! » Parbleu, moi aussi! Mais, enfin, Boucher a fait des petites femmes bien jolies ! Un peintre, voyez-vous, qui a le sentiment des tétons et des fesses, est un homme sauvé.

« Ah ! une bien bonne. Un jour qu'au Louvre je m'extasiais devant un Fragonard, une *Bergère* avec un amour de jupon qui, à lui seul, faisait tout le tableau, est-ce que je n'entends pas quelqu'un faire observer que les bergères de ce temps-là devaient être aussi sales que celles d'aujourd'hui ? D'abord, je m'en f... et puis, si cela était, quelle ne devrait pas être notre admiration pour un peintre qui, avec des modèles crasseux, nous donne un joyau !

— Moi. Et Chardin ?

— Renoir. Chardin, c'est un emm..deur... Il a fait de jolies natures mortes...

« Je viens de vous parler de mes éventails. Ce n'était pas heureusement ma seule source de revenus.

« Mon frère aîné, qui était graveur sur médailles, me procurait quelquefois des armoiries à reproduire. Je me souviens d'avoir fait un *Saint Georges tenant un bouclier,* sur lequel je devais mettre un autre *Saint Georges* dans la même position, et ainsi de suite, jusqu'à ce que le dernier bouclier et le dernier *Saint Georges* ne pussent plus être vus que par le moyen d'un verre grossissant.

« Mais, les uns dans les autres, les éventails et les *Saint Georges* rendaient peu, et je nè savais plus que faire, lorsqu'un jour, rue Dauphine, j'aperçois, au fond d'une cour, un grand café vitré, et des peintres en train d'en décorer les murs.

M'étant avancé, j'assiste à une dispute : le patron jurait et pestait contre ces « feignants » d'ouvriers : jamais les peintures de son café ne seraient terminées à temps ! Je lui offre aussitôt de faire sa décoration.

— « Mais c'est au moins trois ouvriers qu'il me faudrait... et de vrais ouvriers, » accentua le patron, car j'étais petit et fluet.

Sans vouloir en entendre davantage, je m'empare d'un pinceau, et je montre à cet entêté que je pouvais rivaliser avec n'importe qui pour la rapidité à peindre. Je vous laisse à penser sa joie, et, de mon côté, j'étais joliment content !

Les fresques du café terminées, c'est sans enthousiasme que je retournai à mes éventails, me promettant d'en sortir à la première occasion. Cette occasion se présenta bientôt. Passant devant un atelier, je vois, collée sur la porte, une petite affiche : *On demande un ouvrier pour stores.* J'entre à tout hasard. « Où avez-vous travaillé ? » s'informe le patron. Pris de court, je réponds : « A « Bordeaux. » Je choisissais un endroit très lointain, m'imaginant qu'on aurait l'idée d'aller sur place s'enquérir de mes talents. Mais il avait bien autre chose en tête, le patron. Il disait : « Où avez-« vous travaillé ? » parce que c'est la formule habituelle, quand un ouvrier demande de l'ouvrage. Il ajouta aussitôt : « Vous m'apporterez un échan-

« tillon de votre savoir-faire ; et au revoir, jeune
« homme ! »

« Avant de m'en aller, j'avais eu le temps de lier
conversation avec un des ouvriers, qui m'avait
paru bon garçon, et à qui j'avais demandé quelques renseignements sur la peinture de stores.
— « Venez me voir chez moi dimanche prochain,
« m'avait-il répondu, je vous montrerai comment
« on procède ; nous causerons. » Je ne manquai
pas d'aller au rendez-vous. Ma première question
fut pour m'informer si le patron était commode :
— « Oh ! c'est un bien brave homme ; je suis son
« neveu. » Après bien des hésitations, je me risquai
à avouer que je n'avais jamais peint de stores.
« Mais ce n'est pas si malin que ça ! fit l'autre.
« Avez-vous déjà fait de la figure ? » Je commençais
à respirer. Je fus rassuré tout à fait quand je vis
que la peinture sur stores ressemblait beaucoup
aux autres façons de peindre, à cela près qu'il
fallait additionner la couleur d'une certaine quantité d'essence.

« J'ajouterai que ce fabricant de stores travaillait
pour des missionnaires qui emportaient avec eux,
en rouleaux, des bandes de calicot sur lesquelles
étaient peintes, en imitation de vitraux, des scènes
religieuses. Arrivées à destination, ces toiles, tendues sur des châssis, donnaient aux nègres l'illusion
d'une véritable église.

« Je ne fus pas long à « abattre » une superbe *Vierge* avec Mages et Chérubins. Mon professeur ne cachait pas son admiration. « Oseriez-vous atta-« quer un *Saint Vincent de Paul* ? » finit-il par me demander. Il faut dire que, dans les *Vierges*, le fond du tableau était constitué par des nuages, que l'on faisait facilement en frottant la toile avec un chiffon, sauf que la couleur vous coulait dans les manches, quand on n'avait pas le tour de main ; tandis que les *Saint Vincent de Paul* exigeaient plus de science. Ce personnage était généralement représenté faisant l'aumône à la porte des églises, ce qui entraînait à exécuter un motif d'architecture. Étant sorti non moins victorieusement de cette seconde épreuve, je fus engagé sur l'heure. Je prenais la place d'un vieil ouvrier, la gloire de l'atelier, qui, tombé malade, n'avait pas l'air de vouloir se relever. « Vous marchez sur ses traces ! « me disait le patron ; vous arriverez sûrement à « l'égaler un jour. » Un seul point tracassait mon homme. Il était ravi de mon travail et allait même jusqu'à avouer n'avoir jamais trouvé une main aussi habile ; mais, comme il savait le prix de l'argent, il était désolé de me voir m'enrichir si facilement. Mon prédécesseur, qui était toujours cité en exemple aux nouveaux venus, ne peignait jamais rien sans une longue préparation et une mise au carreau soignée. Quand le patron me voyait camper mon personnage du premier coup, il en restait suffoqué : « Quel malheur de vouloir gagner « tant d'argent ! Vous verrez que vous finirez par « perdre la main ! » Lorsqu'il dut constater enfin qu'il fallait renoncer à sa chère mise au carreau, il aurait bien voulu diminuer les prix, mais j'étais conseillé par le neveu : « Tenez bon, me disait-il ; on ne peut pas se passer de vous ! »

« Cependant, quand j'eus amassé une petite somme, ce fut moi qui dis adieu à mon fabricant de stores. Je vous laisse à penser sa désolation. Dans son regret de me voir partir, il alla jusqu'à me promettre, si je lui continuais ma collaboration, de me céder un jour sa maison. Malgré des offres aussi tentantes, je ne me laissai pas éblouir et, ayant de quoi vivre quelque temps (à condition, bien entendu, de ne me livrer à aucun excès), j'allai apprendre la « grande peinture » chez Gleyre, où l'on étudiait sur le modèle vivant. »

III

L'ATELIER DE GLEYRE

— Renoir. Si je fis choix de l'atelier de Gleyre, c'est que je devais y retrouver mon ami Laporte avec qui je m'étais lié tout enfant. Et peut-être serais-je resté encore chez mon fabricant de stores, si Laporte ne m'avait pas tant pressé de venir le rejoindre. Il arriva, cependant, que notre belle camaraderie ne dura pas, tant nos penchants étaient différents ; mais combien je suis reconnaissant à Laporte de m'avoir décidé à prendre une résolution à laquelle j'ai dû de devenir un peintre, et aussi de connaître Monet, Sisley, et Bazille !

« Ce Gleyre était un fort estimable peintre suisse *, mais il ne pouvait être d'aucun secours à ses élèves ; du moins il avait le mérite de leur laisser toute liberté. Je ne tardai pas à me lier avec les

* L'auteur des *Illusions perdues,* au musée du Louvre.

trois camarades que je viens de nommer, et dont l'un, Bazille, après avoir donné tant de belles promesses, mourut, tout jeune, à la première bataille de 1870. C'est à peine si l'on commence à lui rendre justice. Les premiers acheteurs de l' « impressionnisme » ne prenaient guère sa peinture au sérieux, sans doute parce que Bazille était riche.

— Moi. Quels étaient les peintres vers lesquels vous vous sentiez portés, vos amis et vous ?

— Renoir. Monet arrivait du Havre, où il avait connu Jongkind, qu'il admirait beaucoup. Sisley était surtout sous l'influence de Corot ; quant à moi, mon grand homme, c'était Diaz. Il faut dire que cette peinture de Diaz, devenue si noire, était alors aussi étincelante que des pierreries.

— Moi. Vous ne m'avez pas parlé de l'École des Beaux-Arts...

— Renoir. L'École des Beaux-Arts était loin d'être ce qu'elle est aujourd'hui. Il n'y avait que deux cours : l'un de dessin, le soir, de huit heures à dix heures, et un autre, d'anatomie, pour lequel l'École de Médecine, sa voisine, prêtait obligeamment un cadavre. J'allais quelquefois à ces deux cours, mais c'était chez Gleyre que j'apprenais le métier de peintre.

— Moi. Quels professeurs avez-vous eus à l'École des Beaux-Arts ?

— Renoir. Je me souviens surtout de Signol...

J'étais, un jour, en train de dessiner une figure d'après l'antique. Signol, qui corrigeait, passa près de moi : « Vous ne sentez donc pas, s'exclama-t-il, que « le pouce du pied de Germanicus doit montrer plus « de majesté que le pouce du charbonnier du coin ? » Et il répétait solennellement : « Le pouce du pied « de Germanicus !... »

« Un de mes voisins, qui était mécontent de son dessin, lança, au même moment, un mot que Signol crut prononcé à son intention, et s'imaginant, par surcroît, que le mot était de moi, je fus mis à la porte sur-le-champ. Son hostilité à mon égard s'était manifestée du jour où il avait vu une étude peinte que j'avais apportée à son cours.

— « Prenez garde de devenir un autre Delacroix ! » s'était-il écrié, hors de lui, à cause d'un pauvre rouge que j'avais mis sur ma toile.

— Moi. Il y a, tout de même, du progrès de ce côté. On commence à supporter, bien plus, à aimer votre couleur. J'ai fait la rencontre, au musée du Luxembourg, d'un « connaisseur » débordant d'enthousiasme : « Renoir est le Dieu de la couleur ! » Mais je ne dois pas vous cacher qu'il n'a pas paru goûter autant votre dessin. Passant devant la *Mater dolorosa*, votre amateur s'arrêta net : « Une sacrée « ligne tout de même ! Quel malheur qu'à sa cou- « leur prestigieuse, Renoir ne joigne pas le dessin « de Bouguereau ! »

— Renoir. Je ne connais rien de plus drôle que les amateurs. Ces deux que je voyais discuter devant une toile : « Sans doute, il y a des « qualités énormes là dedans, disait l'un, mais « est-ce un tableau de genre ou un tableau d'his- « toire ? » Le plus fort... encore un nom dont je ne me souviens plus... vous savez bien, ce marchand de cravates qui achetait des Gustave Moreau... Bref, il me montre dans sa villa des environs de Paris, deux petites croûtes en pendant signées *Corot.* Et comme je laissais percer un doute : « Bah ! fait-il, pour la campagne !... »

« Dire qu'aujourd'hui je pourrais peindre avec du sirop d'orgeat qu'on n'en vanterait pas moins le brillant de ma peinture ; mais il fallait voir la sale couleur que j'avais sur ma palette, à l'époque où déjà les gens me traitaient de révolutionnaire ! Je puis dire, du moins, que c'était sans enthousiasme que je nageais dans le bitume ; j'étais maintenu dans cette voie par un marchand de tableaux, le premier qui m'ait donné des commandes. Bien plus tard, je devais avoir l'explication d'une telle passion pour la peinture noire. Au cours d'un voyage en Angleterre, j'avais fait la connaissance d'un amateur qui disait avoir un Rousseau... M'ayant emmené chez lui, il me fit entrer dans une pièce en marchant sur la pointe des pieds, par respect pour l'œuvre du maître, et, ayant soulevé un voile qui cachait un grand cadre, il me dit en baissant la voix : « Regardez !.,.

— « N'est-ce pas un peu noir ? » risquai-je, en reconnaissant un de mes anciens produits. Mon hôte, réprimant un sourire devant mon manque de goût, se lança dans un tel éloge de sa toile que je ne pus m'empêcher de dire que j'en étais l'auteur. Ce qui suivit me vexa un peu. Le brave Anglais changea subitement d'avis sur la beauté de son acquisition. Il ne se gêna pas pour accabler, devant moi, de malédictions, l'effronté voleur qui, en guise d'un Rousseau, lui avait collé un Renoir... Et moi qui m'imaginais que mon nom commençait à être connu ! car cette scène se passait à une époque où, depuis longtemps, je n'employais plus le bitume.

« Parmi les raisons qui me firent « lâcher » la peinture noire, il en est une particulièrement... la rencontre que je fis de Diaz.

Cette rencontre eut lieu dans des circonstances bien curieuses, un jour que je peignais dans la forêt de Fontainebleau, où j'avais l'habitude, l'été, d'aller faire du paysage avec Sisley. A cette époque, je mettais encore, pour travailler, même quand j'allais peindre dehors, la blouse que portaient à l'atelier les décorateurs sur porcelaine. Cette fois, j'eus maille à partir avec des passants qui me plaisantaient à cause de ma blouse... Je m'étais rebiffé, et cela commençait à tourner mal. A ce moment survint quelqu'un qui, malgré une jambe de bois, réussit à mettre en fuite mes agresseurs, grâce à une canne qu'il maniait avec une grande dextérité. Comme je le remerciais, il me dit : « Je suis peintre, moi « aussi, je m'appelle Diaz. » Je lui exprimai mon admiration pour sa peinture, et, timidement, je lui montrai la toile que j'étais en train de peindre. « Ce n'est pas mal dessiné, » me dit Diaz. (C'est peut-être la seule fois que j'entendais louer mon dessin.) « Mais pourquoi diable peignez-vous si « noir ? » Sur l'heure, je commençai un paysage en cherchant à donner aux arbres et aux ombres, sur le terrain, la lumière que je leur voyais. « Tu « es fou ! s'exclama Sisley, en voyant ma toile : quelle « idée de faire des arbres bleus et des terrains « lilas ? »

— Moi. En quelle année avez-vous exposé pour la première fois au Salon ?

— Renoir. En 1863. J'avais envoyé une grande machine. Chose curieuse, je fus défendu par Cabanel. Ce n'est pas que celui-ci aimât le moins du monde ma peinture. Ses premières paroles furent, au contraire, pour dire qu'il la détestait. « Mais, s'empressa-t-il d'ajouter, il y « a là dedans un effort qu'il faut reconnaître mal- « gré tout ! » Ma toile représentait une *Esmeralda* dansant avec sa chèvre autour d'un feu qui éclairait tout un peuple de truands. Je me rappelle encore les reflets de la flamme en grandes ombres portées sur la cathédrale. Après le Salon, ne sachant que faire d'un objet aussi encombrant, et un peu aussi, il faut le dire, par haine du bitume, dont ma palette ne s'était pas complètement débarrassée, je détruisis mon œuvre. Voyez ma chance : le même jour, je recevais la visite d'un Anglais qui voulait justement ce tableau. Et je peux dire que cette *Esmeralda* fut vraiment la dernière chose que j'aie peinte au bitume.

« Mes camarades de l'atelier Gleyre avaient affronté le Salon en même temps que moi ; mais ils avaient été moins heureux. D'autres peintres, encore beaucoup plus connus que nous, avaient été également refusés, cette année-là, à commencer par Manet. Leur aventure avait même donné lieu, dans la presse, à de telles protestations, que l'empereur Napoléon III voulut bien permettre que l'on fît, dans un local du Louvre, un Salon des *Refusés*. L'organisation en fut seulement confiée à un académicien. Il va sans dire qu'on donna aux exposants les plus mauvaises salles du Musée. Mais, tout de même, on ne voit pas aujourd'hui un Ministre des Beaux-Arts autorisant une telle exposition au Louvre et un Bonnat acceptant de l'organiser ! C'est que, sous l'Empire, on était très libéral. Il faut ajouter aussi qu'il y avait alors moins de peintres que maintenant, encore qu'on commençât à les trouver bien encombrants. La répartie de Balzac à l'offre qu'on lui faisait d'écrire un Salon est typique. Cela se passait sous Louis-Philippe.

— « Vous ne savez donc pas qu'il me faudrait « regarder près de quatre cents toiles ! »

« L'Exposition des *Refusés*, cela va sans dire, fut un gros succès de rire. Manet avait envoyé son *Repas sur l'herbe*. Cette toile venait d'être refusée au Salon, autant pour la peinture, que l'on trouvait mauvaise, que pour le sujet, qui était jugé peu décent. Les membres du Jury ignoraient apparemment que Manet n'avait pas seulement peint là un des sujets de la grande École Vénitienne : il avait imité encore, dans sa femme nue, une figure de Raphaël.

« Ce fut aussi cette année-là (1863) que je connus Cézanne. J'avais alors, aux Batignolles, rue de La Condamine, un petit atelier que je partageais avec Bazille. Celui-ci arriva, un jour, accompagné de deux jeunes gens : « Je t'amène deux fameuses recrues ! » C'étaient Cézanne et Pissarro.

« Je devais les connaître, dans la suite, intimement tous les deux ; mais c'est de Cézanne que j'ai gardé le souvenir le plus vif. Je ne crois pas que, dans toute l'histoire des peintres, on trouve un cas semblable à celui de Cézanne. Avoir vécu jusqu'à l'âge de soixante-dix ans, et, depuis le premier jour où l'on a tenu un pinceau, demeurer aussi isolé que si l'on était dans une île déserte ! Et aussi, à côté de cet amour passionné de son art, une telle indifférence pour son œuvre une fois faite, si même on a eu la chance de la « réaliser » ! Voyez-vous Cézanne, n'ayant pas de rentes, obligé, pour vivre, d'attendre le client ! L'imaginez-vous se contraignant à sourire complaisamment à l' « amateur » qui se serait permis de dédaigner Delacroix ? Avec cela, si peu « pratique dans la vie », comme il aimait à dire lui-même !

« Un jour, je le rencontre, avec, sous son bras, un tableau qui traînait jusqu'à terre. — « Il « n'y a plus d'argent à la maison ! je vais essayer « de vendre cette toile ! Une étude assez « réalisée », « n'est-ce pas ? » (C'étaient les fameux *Baigneurs* de la collection Caillebotte, un diamant !) Quelques jours après, je rencontre encore Cézanne. « Mon « bon Renoir, dit-il, s'attendrissant, je suis bien « heureux ! Mon tableau a eu le plus vif succès ; « il est chez quelqu'un qui l'aime ! »

« Je me dis : « Quelle veine ! il a trouvé un ama- « teur ! » Cet amateur, c'était Cabaner *, un pauvre diable de musicien qui gagnait à grand'peine de

---

* Sur Cabaner, voir *Paul Cézanne*, par Ambroise Vollard, éditeur Crès.

quatre à cinq francs par jour. Cézanne l'avait croisé dans la rue, et, comme l'autre s'était extasié devant la toile, le peintre lui en avait fait cadeau.

« Je me rappellerai toujours les bons moments que j'ai passés, aux environs d'Aix, dans la maison du père de Cézanne, le Jas de Bouffan, cette si jolie construction du XVIIIᵉ siècle. On savait, à cette époque, bâtir des maisons habitables, avec des cheminées où l'on pouvait se chauffer. Et, de fait, ce grand salon, qui aurait dû être glacial avec son plafond si élevé, eh bien ! quand on était assis à la cheminée, un paravent derrière soi, l'agréable chaleur qu'il faisait ! Et ces bonnes soupes au fenouil que nous préparait la mère de Cézanne ! Je l'entends encore donnant sa recette, il me semble que c'est d'hier : « On prend une branche de fenouil, « une petite cuillerée d'huile d'olive... » La brave femme que c'était !

Renoir reprit : « Je vous ai parlé du Salon de 1863 ; je ne fus pas aussi heureux l'année suivante. N'ayant pas trouvé grâce devant le Jury, je dus exposer aux *Refusés ;* mais, cette fois, le succès des *Refusés* fut moins grand. Ce devait être la dernière exposition de ce genre. Quant à moi, en 1865, une fois de plus, j'eus la bonne fortune d'être admis au Salon de Cabanel, avec un tableau qui représentait un *Jeune homme se promenant dans la forêt de Fontainebleau, suivi de ses chiens :* ce jeune homme était un de mes amis, le peintre Lecœur. Le tableau est peint au couteau, par exception, car c'est un procédé qui ne me va pas. Je me souviens cependant d'avoir peint, également au couteau, la même année, une *Chasseresse*, grandeur nature. J'avais voulu faire, tout bonnement, une étude de nu. Mais comme on avait trouvé mon tableau peu convenable, je mis un arc dans les mains du modèle, et, à ses pieds, une biche. J'ajoutai une peau de bête, pour cacher la nudité des chairs, et mon étude de nu devint une *Nymphe chasseresse*. Je n'arrivai pas pour cela à m'en défaire. Il se présenta bien, un jour, un amateur, mais l'affaire ne se conclut pas, car il voulait acheter la biche seule, et moi, je ne voulais pas « détailler » ma toile. »

Cette conversation avait lieu au cours d'une promenade dans les bois de Louveciennes. Tout à coup Renoir, s'arrêtant, me désigne le coteau voisin : « Ces arbres, ce ciel... Je ne connais que trois peintres qui ont pu rendre ça : Claude Lorrain, Corot et Cézanne. »

*
* *

Le hasard m'a fait me rencontrer avec le peintre Laporte, cet ami de jeunesse dont Renoir m'avait dit que, sans lui, il n'aurait sans doute pas, de quelque temps, songé à faire de la peinture.

Madame Ellen Andrée, qui a fourni jadis à Renoir l'occasion de quelques-unes de ses plus belles études, m'avait dit : « Venez donc déjeuner, un jour, chez moi, à Ville-d'Avray. On mettra la table dehors, sous les rosiers et nous parlerons de Renoir. » J'avais accepté, avec quel plaisir !

En arrivant chez Ellen Andrée, dans ce délicieux jardin où tout pousse comme il veut, « Mon Paradou », aime-t-elle à dire, on me présente à un vieillard bien conservé, avec toutes les allures traditionnelles de l'artiste : chapeau mou à larges bords, cape romantique. Il était accompagné d'une jeune nièce.

A table, un des invités, Henri Dumont, le peintre délicat des liserons et des roses, vanta les tableaux de Renoir.

« C'est Renoir, l'impressionniste ? demanda le vieux monsieur. Je l'ai beaucoup connu dans ma jeunesse : nous étions intimes. Si vous le rencontrez, parlez-lui de son ami Laporte ; il se souviendra sûrement de moi, allez ! En ce temps-là, lui, peignait des stores, et moi, j'étais forcé de gagner mon pain à faire des vitraux d'église, — un pain bien amer, si l'on songe que, déjà, j'étais libre penseur convaincu !

— Moi. Vous avez des Renoir ?

— M. Laporte. Oui, j'ai une *Rose* qu'il m'a

donnée, jadis, et, en échange, je lui ai fait présent d'un *Mouton* peint au bitume, une étude d'après nature dont j'étais assez satisfait. Il faut vous dire que j'ai perdu de vue Renoir d'assez bonne heure. La vie, les femmes, nous ont séparés !

— Moi. Je croyais que Renoir ne voyait dans la femme qu'un prétexte à tableaux ?

— M. Laporte (vivement). Mais moi, je ne les regardais pas seulement comme motifs à peindre ! Aussi, lorsque j'ai commencé à aimer, j'ai un peu négligé les amis. »

Et reprenant :

« Si Renoir dessine ainsi, car c'est là son point faible, n'est-ce pas ? eh bien ! ce n'est pas faute que je l'aie exhorté à se surveiller ! J'étais alors, je le suis toujours, très féru de David. En voilà un qui ne plaisante pas avec la ligne ! Si Renoir m'avait écouté et avait su joindre le dessin à la couleur, qui sait s'il ne serait pas devenu un autre David, comme mon éminent ami Lecomte du Nouy ! Mais quand je disais à Renoir : « Il faut se forcer à dessiner ! » savez-vous ce qu'il me répondait ?

« Je fais comme un petit bouchon jeté dans « l'eau et emporté par le courant ! Je me laisse « aller à peindre comme cela me vient ! »

— Moi. En tout cas, Renoir me semble avoir assez bien réussi ! »

Mon interlocuteur crut que je parlais des prix qu'atteignent les Renoir.

« Oui, si l'on prend pour argent comptant tous ces prix de l'Hôtel des Ventes ! Mais, moi qui suis du bâtiment, je sais trop bien de quoi il retourne ! Et savez-vous ce qu'on vient encore de m'apprendre ? Eh bien ! il paraît que pour mieux tenir les artistes en main, les marchands vont jusqu'à les obliger à faire des dettes ! Oui, monsieur ! »

*
* *

Je devais trouver un autre témoin de la jeunesse de Renoir. Ma femme de ménage m'avait dit : « M. Renoir qui vient ici, j'ai vu dans un journal que ses tableaux se vendent cher. Eh bien ! il y a un Monsieur, où je donne quelquefois un coup de main, qui a connu M. Renoir. Lui aussi est arrivé à une belle situation : il est concierge sur les grands boulevards... »

J'allai à l'adresse indiquée. A mes premiers mots :

« Renoir ! j'ai vu son portrait, l'autre fois, dans un journal ; je l'ai reconnu tout de suite. Il y a cinquante ans de cela, je prenais mes repas dans une crèmerie où il mangeait aussi. Nous étions plusieurs à la même table, deux autres peintres... Renoir parlait tout le temps de la peinture. Il m'a emmené deux ou trois fois au Louvre avec lui. A cette époque, j'étais commis chez un tapissier décorateur, une maison qui depuis...

— Mais vous souvenez-vous des choses que Renoir disait ?

— Comme si c'était d'hier, monsieur ! Ainsi, à notre table, il y avait un roulement d'établi pour l'os à moelle ; eh bien ! Renoir disait tout le temps que c'était son tour ! »

Mon interlocuteur se tut ; ses souvenirs sur le peintre s'arrêtaient là.

IV

LE CABARET DE LA MÈRE ANTHONY

(1865)

RENOIR. — *Le cabaret de la mère Anthony* est un de mes tableaux dont j'ai gardé le souvenir le plus agréable. Ce n'est pas que je trouve cette toile particulièrement excitante, mais elle me rappelle tellement l'excellente mère Anthony et son auberge de Marlotte, la vraie auberge de village ! J'ai pris comme sujet de mon étude la salle commune, qui servait également de salle à manger. La vieille femme coiffée d'une marmotte, c'est la mère Anthony en personne ; la superbe fille qui sert à boire, était la servante Nana. Le caniche blanc, c'est Toto, qui avait une patte de bois. Je fis poser autour de la table quelques-uns de mes amis, dont Sisley et Lecœur. Quant aux motifs qui constituent le fond de mon tableau, je les avais empruntés à des sujets peints à même le mur. C'était là l'œuvre sans prétention, mais souvent très réussie, des habitués de l'endroit. Moi-même j'y avais dessiné la silhouette de Mürger, que je reproduisis dans ma toile, en haut à gauche. Certaines de ces décorations me plaisaient infiniment, et je ne cessais de recommander de ne jamais les faire gratter. J'avais même cru les avoir mises complètement à l'abri de la destruction en disant à la mère Anthony que, si la maison devait être un jour démolie, elle pourrait tirer un bon prix de ses fresques.

« L'été suivant, je m'étais installé dans un village des environs de Marlotte, à Chailly, où je peignais la *Lise* (1866). Un jour que je travaillais « sur le motif », comme aurait dit Cézanne, voilà que j'entends prononcer mon nom dans un groupe de jeunes gens à côté :

— « Quel toupet, ce Renoir ! Avoir fait racler des peintures si amusantes, pour mettre à la place sa grande tartine ! » Je cours à l'auberge. Voici ce qui s'était passé : Henri Regnault, déjà célèbre, s'était arrêté chez la mère Anthony. Il s'était offusqué d'une décoration aussi grossière : un des rapins ne s'était-il pas avisé de transformer le derrière nu d'une vieille dame en une figure moustachue de grognard !

— « Effacez-moi bien vite ces horreurs ! s'était écrié Regnault. Je vous peindrai à la place quelque chose d'artistique. »

« La mère Anthony, confiante, avait fait venir un badigeonneur, et Regnault était parti, sans avoir songé, comme de juste, à tenir sa promesse. Pour cacher la nudité du mur, on pensa alors à ma toile que j'avais abandonnée, en m'en allant, et qui avait été mise au grenier.

— Moi. La *Lise* dont vous venez de parler n'a-t-elle pas été reçue au Salon ?

— Renoir. Au salon de 1867, l'année de l'Exposition Universelle. Cette même année, je fis une *Vue en plein air* de l'Exposition Universelle, que je terminai seulement en 1868. Ce tableau si peu audacieux fut jugé d'une hardiesse inacceptable. Il resta, pendant de longues années, dans un coin, à Louveciennes, où habitait ma famille.

« Mais l'Exposition Universelle n'est pas le seul événement sensationnel de l'année 1867. C'est aussi cette année-là qu'eurent lieu les expositions particulières de Courbet et de Manet.

— Moi. Vous avez connu Courbet ?

— Renoir. J'ai beaucoup connu Courbet, l'un des types les plus étonnants qu'on ait jamais vus. Je me souviens, notamment, d'un détail de son exposition de 1867. Il avait fait construire une espèce de soupente où il se tenait pour surveiller son exposition. Lorsque les premiers visiteurs arrivèrent, il était en train de s'habiller. Pour ne rien perdre de l'enthousiasme du public, il descendit en gilet de flanelle, sans prendre le temps d'enfiler sa chemise qu'il avait gardée à la main. Et lui-même, en contemplation devant ses tableaux : « Comme c'est beau ! Comme c'est magnifique !... « C'est tellement beau que c'en est stupide ! »

« Et il répétait tout le temps : « C'en est stu-« pide ! »

« C'est encore lui qui disait, à une exposition où on l'avait placé près d'une porte :

— « C'est bête, on ne pourra plus passer ! »

« Et cette admiration était, bien entendu, réservée à sa seule peinture. Il voulut, un jour, faire un compliment à Claude Monet avec lequel il était très lié.

— « C'est bien mauvais, ce que tu envoies au Salon ! lui disait-il. Mais comme ça va les embêter ! »

— Moi. Vous aimez la peinture de Courbet ?

— Renoir. Des choses qu'il a faites dans les commencements, je ne dis pas... mais, à partir du moment où il est devenu Monsieur Courbet !...

— Moi. Et le tableau si vanté : *Bonjour M. Courbet* ?...

— Renoir. L'impression qu'on en garde, c'est que le peintre aura passé des mois devant une glace à « finir » sa pointe de barbe... Et ce pauvre petit M. Bruyas qui est là, incliné, comme s'il recevait de la pluie sur le dos... Parlez-moi des

Demoiselles de la Seine ! Voilà un magnifique tableau ! Et c'est le même homme qui a fait cela, qui a peint le portrait de Prud'hon et encore, tenez, ces curés sur des ânes...

— Moi. J'ai entendu des admirateurs de Courbet dire que si ce tableau était inférieur aux autres, c'est que Courbet n'avait pas fait poser de vrais curés, mais avait habillé des modèles en prêtres, enfin qu'il y manquait le côté nature indispensable...

— Renoir. C'était encore une des toquades de Courbet, la nature ! Ah ! cet atelier qu'il avait fait arranger pour « faire la nature » ! ce veau attaché sur la table à modèle !...

— Moi. Mais pourtant, lorsque Courbet disait à un jeune peintre qui lui faisait voir une tête de Christ : « Vous connaissez le Christ, vous ? Pour-« quoi ne peignez-vous pas plutôt le portrait de « votre père ? »

— Renoir. C'était pas mal... mais dit par un autre ; dit par Courbet, cela devenait moins bien. C'est comme, tenez, lorsque Manet avait peint son *Christ aux Anges...* Quelle peinture ! Ce côté de pâte si joli... Et que l'autre lui disait : « Tu as vu « des anges, toi, pour savoir s'ils ont un cul ? »

— Moi. Il y a un mot qui revient toujours, quand on parle de Courbet : « Comme c'est fort ! »

— Renoir. C'est exactement ce que Degas ne cessait de dire devant les Legros ; mais moi, voyez-vous, j'aime mieux une assiette d'un sou, avec trois jolis tons dessus, que des kilomètres d'une peinture archi-forte... et embêtante !

— Moi. Quels étaient les rapports de Manet et de Courbet ?

— Renoir. Manet se sentait porté vers Courbet, lequel, par contre, ne considérait guère la peinture de Manet. Il était bien naturel qu'il en fût ainsi : Courbet, c'était encore la tradition ; Manet, c'était une ère nouvelle de la peinture. Ou plutôt, il va sans dire que je n'ai pas la naïveté de prétendre qu'il y ait, dans les arts, des courants absolument nouveaux. Dans l'art, comme dans la nature, ce que nous sommes tentés de prendre pour des nouveautés n'est, au fond, qu'une continuation plus ou moins modifiée. Mais tout cela n'empêche pas que la Révolution de 1789 ait eu pour effet de commencer à détruire toutes les traditions. La disparition des traditions en peinture, comme dans les autres arts, ne s'est opérée que lentement, par degrés insensibles, et les maîtres, en apparence les plus révolutionnaires de la première moitié du XIXe siècle, Géricault, Ingres, Delacroix, Daumier, étaient encore imprégnés des traditions anciennes. Courbet lui-même, avec son dessin lourdaud... Tandis que, avec Manet et notre école, c'était l'avènement d'une génération de peintres à un moment où l'œuvre destructrice commencée en 1789 se trouvait achevée. Certes, quelques-uns de ces nouveaux venus auraient bien voulu renouer la chaîne d'une tradition dont ils sentaient, inconsciemment, les immenses bienfaits ; mais, pour cela, fallait-il, avant tout, apprendre le métier de peintre, et, quand on est livré à ses propres forces, on doit nécessairement partir du simple, pour arriver au compliqué, comme, pour lire un livre, il faut commencer par apprendre les lettres de l'alphabet. On conçoit donc que, pour nous, la grande recherche a été de peindre le plus simplement possible ; mais on conçoit aussi combien les héritiers des traditions d'autrefois, — depuis des hommes chez qui ces traditions, qu'ils ne comprenaient plus, finissaient de se perdre dans le lieu commun et la vulgarité, comme les Abel de Pujol, les Gérome, les Cabanel, etc..., etc..., jusqu'à des peintres comme Courbet, Delacroix, Ingres, — aient pu se trouver désorientés devant ce qui leur semblait des images d'Épinal. Daumier, pourtant, eut ce mot en visitant une exposition de Manet :

— « Je n'aime pas absolument la peinture de Manet, mais j'y trouve cette qualité énorme : ça nous ramène à Lancelot *. »

* Figure du jeu de cartes.

« Et la même raison qui attirait Daumier, avait éloigné Courbet de Manet.

— « Je ne suis pas de l'Institut, disait Courbet, mais la peinture, ça n'est pas des cartes à jouer ! »

— Moi. Comment Manet, qui aimait Courbet, pouvait-il s'accommoder de l'enseignement de Couture ?

— Renoir. Il n'est pas tout à fait exact de dire qu'il s'en accommodât. Il était allé chez Couture comme on va dans un endroit où il y a des modèles... Même chez un Robert-Fleury...

— Moi. Robert-Fleury dont on disait à Manet : « Voyons, Manet, ne soyez pas si méchant... Un « homme qui a déjà un pied dans la tombe. » A quoi Manet répliquait : « Oui... Mais, en attendant, il « a l'autre pied dans la terre de Sienne brûlée... »

— Renoir. L'accord ne devait pas régner long-temps entre Couture et Manet. Ils se séparèrent sur ces mots du maître à l'élève :

— « Adieu, jeune Daumier ! »

V

LA GRENOUILLÈRE

(1868)

Renoir. — En 1868, j'ai peint beaucoup à la Grenouillère. Il y avait là un restaurant si amusant, le restaurant Fournaise. C'était une fête perpétuelle, et quel mélange de monde !... Avez-vous lu *La femme de Paul*, de Maupassant ?

— Moi. Cette histoire d'un jeune homme qui se jette à l'eau parce que sa maîtresse lui fait des infidélités avec une femme ?

— Renoir. Là, Maupassant exagère un peu. On voyait bien, de temps en temps, à la Grenouillère, deux femmes s'embrasser sur la bouche ; mais, ce qu'elles avaient l'air sain ! Il n'y avait pas encore ces sexagénaires qui s'habillent en fillettes de douze ans, une poupée sous le bras et un cerceau à la main !

« On savait encore rire à cette époque ! La mécanique ne tenait pas tout dans la vie ; on avait le temps de vivre, et on ne s'en faisait pas faute.

« Le seul désagrément alors de cette Seine aujourd'hui si nette, ces animaux crevés qui s'en allaient au fil de l'eau. Moi-même, j'ai vu la rivière se nettoyer peu à peu, jusqu'au moment où l'on ne rencontrait plus que de loin en loin un chien mort qu'à mon grand étonnement des bateliers se disputaient à coups de rames : j'appris alors qu'il s'était monté à côté une petite fabrique de rillettes...

« J'étais tout le temps chez Fournaise. J'y trouvais autant de superbes filles à peindre que je voulais ; on n'était pas réduit, comme aujourd'hui, à suivre un petit modèle pendant une heure pour se faire traiter finalement de vieux dégoûtant.

« J'avais amené beaucoup de clients à Fournaise ; par reconnaissance, il me commanda son portrait ainsi que celui de sa fille, la gracieuse Madame Papillon. J'avais fait le père Fournaise avec sa veste blanche de limonadier, et en train de prendre son absinthe. Cette toile, qui passait pour le comble de la vulgarité, est subitement devenue d'une facture distinguée, lorsque j'ai commencé à faire de gros prix à l'Hôtel Drouot. Et ces mêmes gens qui parlent aujourd'hui avec le plus de conviction de la manière raffinée du portrait du *Père Fournaise* ne se seraient pas fendus de cinq louis pour un portrait, à une époque où cinq louis m'auraient été si utiles ! Tout ce que je pouvais alors obtenir de mes amis, c'était de faire poser leurs maîtresses, de bien bonnes filles !

« Et si, par hasard, je trouvais à faire un portrait payé, que de difficultés pour en toucher le prix ! Je me souviens, notamment, du portrait de la femme d'un cordonnier, que j'exécutai pour une paire de bottes. A chaque fois que je croyais le tableau fini, et que je lorgnais mes bottes, je voyais arriver une tante, une fille, ou même la vieille bonne :

— « Ne trouvez-vous pas que ma nièce, ma mère, notre dame, n'a pas le nez si long ?... »

« Pour entrer en possession de mes bottes, je faisais à la « bourgeoise » le nez de Madame de Pompadour. C'était alors une autre histoire : tout à l'heure, les yeux faisaient bien, tandis que, maintenant, il semblait que... Et toute la famille se pressait autour du portrait pour chercher des défauts encore inaperçus. C'était le bon temps, pourtant !...

« Encore, tout cela ne vaut-il pas mon ami B..., lequel m'avait demandé ce que je lui prendrais pour le portrait de sa « petite amie ». Je lui réponds : « Cinquante francs. » Trente-cinq ans après, il s'amène chez moi avec une femme qui n'était pas drôle pour un sou :

— « C'est pour le portrait, me dit-il !
— « Quel portrait ?

— « Vous savez bien, voyons, Renoir, quand vous avez convenu, avant 1870, que vous me feriez un portrait de femme pour cinquante francs ? Écoutez, mademoiselle est la fille d'un officier supérieur et elle possède ses brevets ! »

« Je dus m'exécuter, mais, par blague, je fis enlever à la bachelière son chapeau à fleurs, son manchon, déposer son petit chien ; enfin je dépouillai mon modèle de tous les accessoires qui, pour l'amateur, font le principal mérite d'une toile *...

— Moi. Nous en étions restés à vos premières toiles de la Grenouillère, c'est-à-dire des toiles peintes en 1868-1869. N'est-ce pas aussi de la même époque un grand Paysage avec figures par un temps de neige ?

— Renoir. Oui, le *Bois de Boulogne avec des patineurs et des promeneurs*. Je n'ai jamais supporté le froid ; aussi, en fait de paysages d'hiver, il n'y a que cette toile... Je me rappelle aussi deux ou trois petites études. Et d'ailleurs, même si l'on supporte le froid, pourquoi peindre la neige, cette lèpre de la nature ?

---

* J'ai vu moi-même B... sortant de chez un marchand de tableaux avec sa petite amie et le portrait. M'ayant aperçu : « Croyez-vous! un portrait tellement ingrat! Cette pauvre Anna ne peut pas en trouver plus de cinq mille francs ! » *(Note de l'auteur)*.

— Moi. Le *Harem* n'est-il pas de ce temps ?

— Renoir. Le *Harem* est exactement de 1869. C'est un pur hasard que cette toile existe encore. J'avais déménagé peu de temps après l'avoir peinte. J'ai toujours détesté m'encombrer de grandes machines; je laissai donc mon tableau en quittant l'atelier. Comme la concierge me demandait si j'avais bien débarrassé tout, je me hâtai de répondre oui, et de prendre la porte. Je n'y pensais plus quand, longtemps après, dans la même rue, une femme court après moi :

— « Vous ne me reconnaissez pas ? Je suis votre ancienne concierge. J'ai gardé soigneusement le tableau que vous avez oublié...

— « Ah ! grand merci ! Je reviendrai le prendre. »

« Et je me promis bien de ne jamais repasser par là. Le temps s'écoule : un jour, en traversant un quartier éloigné, je me trouve encore nez à nez avec cette brave femme :

— « Vous savez, s'écrie-t-elle, votre tableau !... »

« Je me rendis compte, alors, que ce sacré tableau me poursuivrait toute ma vie, et que, pour me débarrasser de cette obsession, il fallait que j'y allasse de mes quarante sous pour un fiacre !... J'ai plus tard vendu le *Harem*, dans un lot de toiles, onze exactement, le tout, pour la somme de cinq cents francs. Dans le tas, il y avait la *Tonnelle*, le *Portrait de Sisley*, la *Femme qui a le doigt sur la*

bouche et le portrait de mon acheteur lui-même...
Un nom que je connais bien, pourtant. Vous ne
voyez pas qui je veux dire ? Un pâtissier qui est
devenu peintre... Je vais, un jour, lui acheter un
gâteau ; je le trouve qui mettait les volets à sa
boutique. « C'est décidé, me dit-il, je lâche la pâtis-
« serie pour faire de la peinture. Dans notre sacré
« métier, si un pâté est vieux seulement de huit
« jours, il faut le mettre au rabais... Vous êtes des
« malins, vous autres, les artistes, avec une mar-
« chandise qui se garde indéfiniment et même se
« bonifie, à la longue ! »

« Ce *Harem* dont je viens de vous parler, Vollard,
me fait penser à une autre toile que j'ai peinte la
même année, et qui représente une *Orientale*. Ce
tableau a été fait dans un atelier à Paris ; mon
modèle était la femme d'un marchand de tapis...
Dites, avec la manie des amateurs de toujours
demander mon ancienne manière, voilà votre
affaire : tâchez de retrouver ce tableau. »

Pendant des années, je m'informai de l'*Orientale*
auprès de tous les marchands de tapis d'Orient.
Enfin, un jour, une marchande d'antiquités,
Madame Y..., qui avait son magasin sur les
grands boulevards, presque à la porte de chez
moi, m'invite à venir admirer son portrait par
Benjamin Constant.

« J'ai aussi, me dit-elle, un autre portrait de

moi, mais d'un peintre moins connu. Je m'en déferais volontiers ! »

Je n'eus pas la curiosité de m'informer du nom de cet autre peintre « moins connu ». Mais, étant allé, après plusieurs invitations, voir le Benjamin Constant, Madame Y... me dit :

« Nous avons eu la chance de trouver, il y a un instant, trois cents francs pour mon autre portrait. Il avait été peint par un nommé Renoir, du temps où je faisais le commerce de tapis d'Orient. »

VI

PENDANT LA GUERRE DE 70
& SOUS LA COMMUNE

Renoir. — Quand la guerre fut déclarée, le général Douay, qui me connaissait, me proposa de servir sous ses ordres. L'offre était tentante ; mais je n'ai jamais cherché à diriger ma vie, je me suis toujours laissé conduire par les événements. Je préférai rester tout simplement à mon rang. Je fus joliment bien inspiré. A la première bataille, le général Douay fut fait prisonnier et emmené en Allemagne. Avec ma santé fragile, j'y aurais laissé mes os, tandis que je passai tout l'hiver à Bordeaux où avait été envoyé mon régiment, le 10e chasseurs à cheval.

« Mon capitaine, devant ma bonne humeur, et, j'ose dire, mon esprit d'ingéniosité, — je savais clouer une caisse comme pas un, — trouvait que j'avais l'esprit militaire et aurait voulu me voir continuer la carrière des armes. Si j'avais fait tous les métiers qu'on a voulu me faire entreprendre !... Je vous ai déjà raconté que, dans ma jeunesse, Gounod, alors professeur de solfège à l'école communale où j'étais, avait insisté auprès de mes parents pour me faire étudier le chant. J'ai même retrouvé, l'autre jour, un ami de ma famille qui me rappelait le temps où j'exécutais des soli à l'église Saint-Eustache !

« En revenant de Bordeaux (1871), je tombai, à Paris, en pleine Commune. Je dus aussitôt abandonner mon atelier de la rue Visconti, qui était devenu un séjour bien malsain, avec tous les obus qui pleuvaient dans le quartier. Et comme alors, j'avais une préférence marquée pour la rive gauche, je m'installai dans une chambre au coin de la rue du Dragon.

« Au moment de la guerre, je commençais à être un peu connu ; j'avais fait même un portrait de Bazille qui avait eu la chance d'être remarqué par Manet, lequel était pourtant loin d'aimer ce que je faisais ; mais, tout de même, lorsque devant chacun de mes tableaux il répétait : « Non, ce « n'est plus le *Portrait de Bazille* », cela laissait supposer que, au moins une fois, j'aurais peint quelque chose de pas trop mal. Avec la guerre, mes affaires se gâtèrent, et maintenant, sous la Commune, j'errais, sans le sou, de Paris à Versailles, et de Versailles à Paris, lorsque j'eus la bonne fortune de rencontrer une brave dame de Versailles qui me commanda pour trois cents francs le portrait d'elle-même et de sa fille. J'ajouterai qu'elle ne me fit aucune observation, ni sur ma peinture, ni sur mon dessin. C'était la première fois que je ne m'entendais pas dire par un amateur : « Si vous poussiez « un peu plus votre *Figure*! » Encore, quand il s'agissait de gens qui, manifestement, n'y entendent rien, mais, jusqu'à mon ami Bérard ! Je lui montre un jour une étude dont j'étais assez content, un *Nu* de femme.

— « S'il y avait dessus deux ou trois séances de plus..., de dire Bérard.

— « Ah çà, par exemple, que je lui réponds, je crois être le seul à savoir, quand j'ai fait une chose, si elle est terminée ou non ! »

« Et comme Bérard me regardait étonné :

— « Voyons, quand j'ai peint une fesse, et que j'ai envie de taper dessus, c'est qu'elle est finie ! »

« Mais, pour en revenir à la Commune, ce va-et-vient que je faisais entre Paris et Versailles n'allait pas sans quelques inconvénients, dont le moindre était d'être appréhendé par des bandes d'énergumènes qui vous enrégimentaient de force dans les rangs des Fédérés, avec la charmante perspective de se faire casser la figure à la rentrée dans Paris des Amis de l'Ordre. Pour vous donner une idée de la stupidité de ces gens-là, un jour que je faisais une étude sur la terrasse des Feuillants, aux Tuileries, un officier de Fédérés m'aborde :

— « Un bon conseil : filez, et qu'on ne vous revoie plus ici, car mes hommes sont persuadés que votre peinture c'est de la frime, et que vous relevez la carte du pays pour nous livrer aux Versaillais. »

« Je ne me le fis pas dire deux fois ; je m'empressai de déguerpir, trop heureux de m'en tirer à si bon compte.

« Cependant, je ne pouvais raisonnablement espérer avoir toujours la même veine ; il m'arriva de courir les pires risques, comme ce jour où les Communards arrêtèrent un omnibus dans lequel je me trouvais, et s'emparèrent des voyageurs. J'étais sur l'impériale et je réussis à me sauver en me laissant couler entre les chevaux. Vous devez penser combien je détestais toute cette clique ; mais lorsque je voyais les Versaillais de près, je ne pouvais m'empêcher de trouver qu'ils étaient aussi bêtes que les autres.

« Et s'il ne m'advint rien de vraiment fâcheux pendant tout ce temps-là, c'est que je montrais une prudence ! J'en étais venu à ne sortir que la nuit, quand un soir, comme je regardais dans une vitrine du quartier de l'Odéon une gravure représentant les principaux personnages de la Commune, un cri m'échappa : « Mais je connais cette tête-là ! »

« C'était le portrait de Raoul Rigault, le préfet de police d'alors.

— « Voilà ton affaire, me dit mon ami Maître, qui était avec moi ; si tu es bien avec la police, tu auras tous les laissez-passer que tu voudras. »

« J'avais connu Rigault dans des circonstances assez curieuses, un jour que je travaillais dans la forêt de Fontainebleau. Ceci se passait dans les dernières années de l'Empire. J'avais remarqué un homme, les vêtements couverts de poussière, qui s'était assis non loin de moi, l'air indécis. Ma séance terminée, comme je me disposais à m'en aller, mon inconnu s'approcha :

— « Je vais me confier à vous. J'étais rédacteur à *La Marseillaise* ; le journal a été fermé, on a arrêté quelques-uns d'entre nous ; moi-même, je suis traqué par la police.

— « Vous pouvez être tranquille, lui dis-je. Il n'y a ici que des peintres ; je vous présenterai comme un copain. »

« Ainsi fut fait. Raoul Rigault demeura quelque temps à l'auberge de la mère Anthony. Il partit un beau jour, et je ne le revis plus.

« Le lendemain de ma découverte, je me rends à la Préfecture de police. Je demande M. Rigault, persuadé qu'en entendant ce nom, on allait s'empresser auprès de moi. Jugez de ma stupéfaction lorsqu'on me répliqua qu'on ne savait pas ce que

ce que je voulais dire. Devant mon insistance, quelqu'un intervint : « Qu'est-ce que signifie ce *Mon-*
« *sieur* ? Nous ne connaissons que le citoyen
« Rigault !... »

« Mais, si le mot de « Monsieur » avait été remplacé par celui de « citoyen », les usages adminis-
tratifs étaient restés les mêmes ; nul ne pouvait être
reçu sans une demande d'audience. J'écrivis sur
un bout de papier ces simples mots : « Vous souvenez-
« vous de Marlotte ? »

« Quelques instants après, le « citoyen » Rigault
arrivait vers moi, les deux mains tendues, et, avant
toute explication, il commandait :

— « Qu'on joue *La Marseillaise* en l'honneur
du citoyen Renoir. » (Il faut dire que dans les
premiers temps de la Commune il y avait beaucoup
de musique.)

« J'expliquai alors au préfet de police que je
désirais terminer mon étude de la *Terrasse des
Feuillants*, et aussi circuler à mon aise dans Paris
et dans la banlieue. Il va sans dire que je m'en
retournai muni d'un laissez-passer bien en règle ;
il y était spécifié que les autorités « devaient aide
et assistance au citoyen Renoir ». Je fus ainsi
tranquille pendant tout le temps que dura la Commune ; je pouvais aller voir mes parents qui demeu-
raient à Louveciennes, sans compter que ce laissez-
passer fut aussi très utile à ceux de mes camarades

que leurs affaires appelaient hors de Paris. Rigault ne s'en tint pas là. Chaque fois que nous nous voyions, il se dépensait sans compter, pour me convertir aux beautés du système communard.

— « Mais, mon ami, que je lui fais un jour, vous n'y êtes pas du tout. Ne devriez-vous pas, au contraire, faire des vœux pour que la Commune soit vaincue ? Vous ne voyez donc pas que si la Commune est victorieuse, vos Communards repus deviendront aussitôt des bourgeois pires que tout... Mais que si la Commune est vaincue, tous ces Versaillais, les surenchères qu'ils mettront pour se maintenir au pouvoir ! Le pain gratuit... la brioche au lieu de pain... le Peuple Roi... »

VII

LES EXPOSITIONS
DES IMPRESSIONNISTES

RENOIR. — Quand l'ordre fut rétabli à Paris, je pris un atelier rue Notre-Dame-des-Champs. Vers le même temps, je trouvai à faire quelques décorations pour l'hôtel du prince Bibesco, ce qui me permit d'aller passer l'été à la Celle-Saint-Cloud. C'est là que je fis la *Famille Henriot* (1871). Revenu à Paris, avec les premiers froids, je commençai ma toile des *Cavaliers*. Elle devait être terminée seulement dans les premiers mois de 1872. Je l'envoyai au Salon cette même année ; on la refusa.

— « Je vous l'avais bien dit ! s'écria triomphalement le capitaine Darras, qui avait posé avec sa femme pour ce tableau. Ah ! si vous m'aviez écouté ! »

« Il faisait allusion à la couleur de ma peinture, qui l'avait littéralement affolé.

— Vous pouvez m'en croire, ne cessait-il de dire

pendant les séances de pose : des chevaux bleus, cela ne s'est jamais vu ! »

« Je dois ajouter que, malgré la pauvre idée qu'il avait de ma peinture, il ne s'en montrait pas moins, en toute circonstance, extrêmement serviable. C'était grâce à lui, en sa qualité d'aide de camp du général du Barrail, que j'avais obtenu, pour exécuter mon tableau, la Salle des Fêtes de l'École Militaire. Je me rappelle, datant de la même époque, la *Source*, et un *Trompette de Guides à cheval*, qui a disparu.

« En 1873, se place un événement dans mon existence : je fais la connaissance de Durand-Ruel, le premier marchand de tableaux — le seul pendant de longues années — qui ait cru en moi. C'est à cette époque que je quittai mon atelier de la rue Notre-Dame-des-Champs pour aller sur la rive droite, que j'ai depuis constamment habitée. Bien des souvenirs, à la vérité, m'attachaient à la rive gauche : mais, d'instinct, je percevais le danger de laisser s'imprégner ma peinture de cette atmosphère spéciale, si bien définie par Degas lorsqu'il disait de Fantin-Latour :

— « Oui, sans doute, ce qu'il fait est très bien. Mais quel dommage que ce soit un peu *Rive Gauche* ! »

« C'est donc en 1873 qu'avec la sensation d'être décidément « arrivé », je louai un atelier dans la rue Saint-Georges. Je puis dire que je m'y suis vraiment plu. La même année, je fis pas mal d'études à Argenteuil, où je me trouvais en compagnie de Monet, notamment, un *Monet peignant des dahlias*. A Argenteuil, je connus aussi le peintre Caillebotte, le premier « protecteur » des impressionnistes. Nulle idée de spéculation dans les achats qu'il nous faisait ; il ne cherchait qu'à rendre service à des amis. C'était d'ailleurs bien simple : il ne prenait que les choses réputées invendables.

— Moi. Et l'exposition organisée en 1874, sous la dénomination : *Société Anonyme des Artistes Peintres, Sculpteurs et Graveurs* ?

— Renoir. Un tel titre ne peut donner aucune indication sur les tendances des exposants ; mais c'est moi-même qui ne consentis pas à ce que l'on prît un titre avec une signification précise. Je craignais que, si l'on s'était appelé seulement *Quelques-Uns*, ou *Certains*, même *Les Trente-Neuf*, les critiques ne parlassent aussitôt de « nouvelle école », alors que nous ne cherchions, dans la faible mesure de nos moyens, qu'à montrer aux peintres qu'il fallait rentrer dans le rang, si l'on ne voulait pas voir la peinture sombrer définitivement ; — et rentrer dans le rang, cela voulait dire, bien entendu, réapprendre un métier que personne ne savait plus. A part les Delacroix, les Ingres, les Courbet, les Corot qui avaient poussé miraculeusement après la Révolution, la peinture était tombée dans la pire banalité : tous se copiaient les uns les autres en se fichant de la nature comme d'une pomme.

— Moi. A ce compte-là, Couture devait passer pour un novateur ?

— Renoir. Dites : presque un révolutionnaire. Tous ceux qui se flattaient d' « aller de l'avant » se réclamaient de Couture, qui, en 1847, était arrivé comme un coup de tonnerre avec *Les Romains de la Décadence*. On trouvait dans Couture la conjonction d'Ingres et de Delacroix, que les critiques avaient vainement attendue de Chassériau.

« Comme, ces belles spéculations de l'esprit mises à part, tout ce qu'on peignait n'était que conventions et oripeaux, — on croyait être audacieux en prenant des modèles de David, et en les habillant de vêtements modernes, — il était fatal que, par réaction, les jeunes allassent à la chose simple. Pouvait-il en être autrement ? On ne saurait trop le dire : pour faire un métier, il faut commencer par l'A B C de ce métier.

— Moi. Mais comment l'exposition de la *Société Anonyme des Artistes Peintres, Sculpteurs et Graveurs*, devint-elle l'*Exposition des Impressionnistes* ?

— Renoir. Ce nom d'*Impressionnistes* était

venu spontanément à l'esprit des visiteurs, devant une des toiles exposées, qui excitait particulièrement l'hilarité, ou la colère : un paysage matinal de Claude Monet, intitulé *Impression*. Vous voyez que, par cette appellation d'*impressionnistes*, le public ne pensait pas à des recherches nouvelles en art, mais désignait simplement un groupe de peintres se contentant de rendre des « impressions ».

« Aussi, lorsqu'en 1877, j'exposai de nouveau avec une partie du même groupe, ce fut moi qui insistai pour qu'on gardât ce nom d'*Impressionnistes* qui avait fait fortune. C'était dire aux passants, — et personne ne s'y trompa : — « Vous trouverez « ici le genre de peinture que vous n'aimez pas. « Si vous venez, ce sera tant pis pour vous, on ne « vous remboursera pas vos dix sous d'entrée ! »

« Et tous ces tâtonnements de jeunes gens pleins de bonne volonté, mais ne sachant encore rien, auraient peut-être passé inaperçus, pour le plus grand bien des peintres, sans la littérature, cette ennemie-née de la peinture. Dire qu'on a réussi à faire avaler au public, et à nous-mêmes peintres, toutes ces histoires de « peinture nouvelle » !... Peindre noir et blanc, comme faisait Manet sous l'influence des espagnols, ou peindre clair sur clair, comme il l'a fait plus tard, sous l'influence de Claude Monet, eh bien ! quoi ?... — sauf cependant qu'avec des manières différentes de peindre on obtient des résultats plus ou moins heureux, suivant le tempérament de l'artiste. Ainsi, c'est chose certaine qu'avec le noir et blanc, Manet était bien plus maître de son affaire qu'avec des clairs...

— Moi. Sans doute, il n'est personne qui ne préférera la manière noire de Manet à sa manière claire, mais de là à avoir pu regarder Manet comme un précurseur, avec ses premières toiles si directement inspirées des musées ...

— Renoir. J'allais précisément vous dire que si Manet, même en copiant Vélasquez ou Goya, n'en était pas moins un précurseur, le porte-drapeau de notre groupe, c'est que c'est lui qui rendait le mieux, dans ses tableaux, cette formule simple que nous cherchions tous à acquérir en attendant mieux.

— Moi. Les *Impressionnistes* ne furent pas plus heureux en 1877 qu'à leur première exposition de 1874...

— Renoir. Ce fut bien pis. La première exposition avait été jugée une plaisanterie de rapin, cette fois on cria : Holà !

« Peut-être, cependant, si nous avions été plus malins, aurions-nous pu nous concilier quelques « connaisseurs » en peignant des sujets empruntés à l'histoire, car ce qui, par-dessus tout, choquait les gens, c'est qu'on ne retrouvait dans nos œuvres rien qui rappelât les choses qu'on avait l'habitude de voir dans les musées. Mais pour apprendre notre métier de peintres, encore devions-nous mettre nos modèles dans une atmosphère qui nous fût familière, et vous ne me voyez pas représentant *Nabuchodonosor* au café-concert ou *La mère des Gracques* à la Grenouillère.

« Rien ne déconcerte tant que la chose simple. Je me souviens de l'indignation de Jules Dupré à l'une de nos expositions : « Aujourd'hui, on « peint comme on voit... On ne prépare même « pas les toiles... Est-ce que les grands et les « forts !... »

— Moi. Comment donc les « grands » et les « forts » préparaient leurs toiles ?

— Renoir. Dupré faisait allusion aux préparations au minium, alors fort en honneur. On croyait qu'une telle préparation de la toile donnait de la « sonorité » à une peinture, ce qui était certainement vrai, en principe ; mais les « grands » et les « forts » de ce temps-là ne réussissaient, avec tout leur minium, qu'à produire des œuvres qui manquaient de sonorité et qui, par surcroît, craquaient de partout. Des toiles comme l'*Angelus* *, qu'est-ce que

---

* J'arrive un jour chez Lewis Brown (vers 1888) ; je le trouve très animé. « Oui, disait-il, continuant une conversation, l'*Angelus* de Millet, je l'ai connu tout fendillé... Je viens de le revoir tout neuf ! »

Or, un journal dernièrement (1920) jetait un cri d'alarme : L'*Angelus* « commence » à craquer... *(Note de l'auteur.)*

cela donnera un jour ? Déjà les Dupré coulent dans le cadre...

« Quelle époque extraordinaire ! Ces gens qui passaient les trois quarts de leur temps à rêvasser ! Il était nécessaire que le sujet cristallisât dans la cervelle avant qu'il fût mis sur la toile. On entendait des choses comme celle-ci : « Le maître se « surmène ; voilà trois jours qu'il rêve en forêt ! »

« Et si, encore, toute cette « littérature » arrivait à nourrir son homme ! Mais, à part quelques-uns, comme Dupré, comme Daubigny, et, somme toute, Millet, qui « réussissaient », que dire du tas de pauvres diables qui, prenant au sérieux la légende de l'artiste « rêveur » et « penseur », passaient leur temps à se tenir la tête dans les mains devant une toile jamais couverte ! Vous voyez le mépris que ces gens-là devaient avoir pour nous qui mettions des couleurs sur des toiles et qui, à l'exemple des anciens, cherchions à peindre, avec des tons joyeux, des œuvres d'où était soigneusement bannie toute « littérature » !

— MOI. Les impressionnistes ne se laissèrent-ils pas aller à des influences étrangères ? l'art japonais, par exemple...

— RENOIR. Malheureusement, oui, dans les commencements. Les estampes japonaises sont des plus intéressantes, à coup sûr, en tant qu'estampes japonaises, c'est-à-dire à condition de rester au Japon : car un peuple, sous peine de faire des bêtises, ne doit pas s'approprier ce qui n'est pas de sa race. Autrement, on arrive vite à une sorte d'art universel, sans physionomie propre. Je remerciais, un jour, un critique qui avait écrit que j'étais bien de l'école française. « Et si je suis heureux, lui « disais-je, d'être de l'école française, ce n'est pas « que je veuille proclamer la supériorité de cette « école sur les autres, mais c'est parce qu'étant « Français, je dois être de mon pays ! »

— Moi. Vous venez de me parler de votre Exposition de 1877 ; vous ne m'avez rien dit des toiles que vous avez exécutées de 1874 à 1877 ?

— Renoir. Je me rappelle la *Danseuse*, le *Moulin de la Galette*, la *Loge*, cette dernière faite sûrement en 1874, et puis, voyons... La *Femme à la tasse de chocolat...* Une autre fois, je vous en trouverai bien d'autres. J'ai tellement pondu d'affaires dans ma vie, que tout ça se brouille un peu dans ma cervelle.

— Moi. Je me souviens d'avoir vu, un jour, deux « amateurs », chez Durand-Ruel, à une exposition de vos tableaux. L'un expliquait à l'autre les qualités et, sans doute aussi, les défauts de chaque toile. Mais devant la *Loge*, il dit : « On n'a plus qu'à tirer son chapeau. »

— Renoir. Je les connais, ces protecteurs des arts qui ont le plus grand respect pour des toiles, après avoir laissé les artistes crever de faim pendant qu'ils peignaient ces mêmes toiles. Tenez, la *Loge*, précisément je l'avais promenée partout sans pouvoir en trouver cinq cents francs, lorsque je tombai chez le père Martin, un vieux marchand qui s'était mis sur le tard à l'*Impressionnisme*, et de qui je pus obtenir, pour ma toile, quatre cent vingt-cinq francs, — et trop heureux !... Le père Martin, trouvait cela hors de prix — mais je ne pouvais rabattre d'un centime : c'était juste la somme qu'il me fallait pour mon loyer, et je n'avais aucune ressource en vue. Comme le marchand connaissait un acheteur pour mon tableau, il se vit obligé d'en passer par où je voulais. Je vous prie de croire qu'il me reprocha plus d'une fois d'avoir, ce jour-là, abusé de la situation, en lui faisant débourser tant d'argent pour une seule toile.

« Le père Martin ne devait pas tarder à avoir une déception encore plus forte. Il était allé chez son « protégé » Jongkind, lequel lui vendait jusque-là des toiles au prix uniforme de cent francs pièce. Mais, cette fois, le peintre :

— « Hé ! mon bon Martin, ce n'est plus maintenant un petit cent, c'est un petit mille ! »

« Le père Martin s'en alla suffoqué, et, du coup, il en oublia chez Jongkind son fameux sac qui ne le quittait pas dans ses pérégrinations, en vue des

achats de vieille ferraille et autres « occasions »
que l'on pouvait faire en route. Et quelle n'avait
pas été encore son indignation à la vue du « petit »
menu que s'était offert, ce jour-là, Jongkind, qu'il
avait trouvé à table. Longtemps après cette aventure, le père Martin, quand on parlait de Jongkind :

— « Le bougre, il mange des asperges en plein
hiver !... »

— Moi. Avez-vous connu personnellement Jongkind ?

— Renoir. C'est un des souvenirs les plus
agréables de ma jeunesse. Je n'ai jamais rencontré
caractère plus gai. Un jour, nous étions à la terrasse
d'un café. Jongkind se dresse, comme mû par un
ressort, et, se plantant devant un passant ahuri :

— « Vous ne me connaissez pas ? C'est moi qui
suis le grand Jongkind ! » (Il était d'une taille très
élevée.)

« Une autre fois, chez des bourgeois de province,
on avait invité à déjeuner Jongkind et, en même
temps, une dame avec laquelle il vivait. A la fin
du repas, Jongkind se lève, le verre en main, et
d'une voix pâteuse :

— « Je vais vous faire un aveu. » Et, dans son
extraordinaire jargon hollando-français : — « Madame X... n'est pas « mon fâme », mais c'est un
ange ! »

« En plus du père Martin, continua Renoir, il

y avait, à Montmartre, un autre marchand qui vendait de bien beaux tableaux. Mais, au fait, Vollard, vous avez connu Portier ? Quelle drôle de façon il avait, celui-là, de faire valoir sa marchandise :

— « N'achetez pas ce tableau ! C'est beaucoup trop cher ! »

« L'amateur, généralement, achetait. Il faut dire que ce qu'on appelait cher, encore en 1895, c'était quand on payait un Manet de premier ordre deux mille francs. Portier avait un entresol rue Lepic, le père Martin un rez-de-chaussée dans le bas de la rue des Martyrs ; c'était misérable, mais quelles magnifiques toiles on voyait chez eux ! Toute l'École « impressionniste », sans compter les Corot, les Delacroix, les Daumier, que sais-je ? C'est chez le père Martin que Rouart acheta la plus grande partie de sa collection, dont la fameuse *Femme en Bleu*, de Corot, qu'il paya trois mille francs, prix qui fit scandale à l'époque, et c'est ce même tableau que « Les Amis du Louvre », à la vente Rouart, devaient pousser si haut.

« Mais, pour en revenir à la rue Saint-Georges, parmi les tableaux que j'exécutai dans cet atelier, je me rappelle aussi un *Cirque* où des fillettes jouaient avec des oranges ; le portrait, grandeur nature, du poète *Félix Bouchor* ; un pastel de *Madame Cordey*, et, enfin, *La Femme et les Enfants de Monet,* dans le jardin de Monet, à Argenteuil. J'arrivai précisément chez Claude Monet au moment où Manet s'apprêtait à faire ce même sujet et pensez si j'aurais laissé échapper une si belle occasion d'avoir des modèles tout prêts ! Quand je fus parti, Manet s'adressant à Claude Monet :

— « Vous qui êtes l'ami de Renoir, vous devriez lui conseiller de renoncer à la peinture ! Vous voyez vous-même comme c'est peu son affaire ! »

VIII

LES ACHETEURS SÉRIEUX

Renoir. — C'est parmi mes amis que je trouvai mes premiers acheteurs « sérieux », des amis comme S..., que vous avez bien connu. Celui-là était le type du véritable ami, car s'il me prenait des tableaux, c'était uniquement pour m'être agréable ; de la peinture elle-même, il se souciait peu, et, de plus, il pouvait craindre d'encourir les reproches de sa « bourgeoise » en dépensant trois ou quatre cents francs pour une chose inutile et « laide à voir ». C'est ainsi que la toile que vous connaissez bien, la *Femme mordant son petit doigt*, qu'il avait dû me payer dans les deux cent cinquante francs, fut longtemps reléguée dans un corridor par Madame S..., qui trouvait cette toile un peu cher, un peu vulgaire, et, pardessus le marché, montrant le modèle dans une pose qui manquait de « comme il faut ». Mais un

jour que Madame S... me répétait, pour la ving-
tième fois : « Ce tableau !... » j'eus la joie de pouvoir lui répondre :

— « Vous allez en être débarrassée, Madame, car
mon ami Caillebotte m'a chargé d'en offrir à S... le
triple du prix qu'il a coûté ; et comme je ne crois
pas que votre mari, lui non plus, y tienne énormément...

— « Mais je n'ai jamais dit que, moi, je n'aimais
pas ce tableau ! protesta Madame S... A part certaines petites choses de rien du tout... »

« J'aurais bien voulu savoir quelles étaient ces
« petites choses de rien du tout », mais Madame S...,
sans plus d'explications, appelle le maître d'hôtel,
se fait apporter un marteau, des clous, et ma toile
fut accrochée dans la meilleure lumière du salon.

« C'est que Madame S... n'était pas de ces personnes qui se laissent irrésistiblement séduire par
la perspective d'un bénéfice. Elle n'était pas, tenez,
comme son amie, Madame N..., qui m'avait commandé, pour cinq louis, une petite *Tête d'Enfant.*
Quelques années après, quelqu'un lui dit :

— « Mais vous avez là un Renoir !

— « Oui, dit Madame N..., c'est-à-dire qu'il y
a là cinq louis qui dorment !

— « Cinq louis ! se récrie l'autre. Vous pouvez
ajouter un zéro ! »

« Madame N... était suffoquée, à la pensée que

tant d'argent restait improductif. Et quand son mari revint, lui mettant sous le bras la toile déjà décrochée :

— « Cours vite porter cela chez Durand-Ruel ! »

« Cette bonne Madame N..., je me rappelle qu'un jour, je la trouve en larmes.

— « Croiriez-vous, monsieur Renoir, que mon mari me trompe, après trente ans de fidélité ! »

« Trente ans de fidélité, je pensais qu'elle devait exagérer un peu... Comme je lui disais, tout de même, que c'était magnifique trente ans de fidélité :

— « Et ce n'est pas tout. Est-ce que je ne viens pas d'avoir la preuve que, pendant nos villégiatures, la drôlesse ne cesse pas de recevoir ses cinq cents francs, à rien faire ! »

« Ce fut par S... que je connus quelques-uns de mes autres « amateurs », Deudon, Ephrussi, Bérard... Celui-ci vint un jour à l'atelier avec le banquier Pillet-Will, qui précisément cherchait un portraitiste, mais je ne pouvais pas faire l'affaire.

— « Vous comprenez bien, me dit-il, moi, je ne m'y connais pas, et même si je m'y connaissais, ma situation m'oblige à avoir chez moi des tableaux de gens qui vendent cher. C'est pour cela que je dois m'adresser à Bouguereau, à moins que je ne découvre un peintre encore plus haut côté.

« Heureusement qu'il se trouvait d'autres amateurs, tel M. de Bellio, qui acceptaient d'avoir chez eux de la peinture « bon marché ». Mais ces amateurs-là constituaient une telle exception que c'étaient toujours les mêmes qu'on allait « taper ». Toutes les fois que l'un de nous avait un besoin urgent de deux cents francs, il courait au Café Riche, à l'heure du déjeuner ; on était certain d'y trouver M. de Bellio, lequel achetait, sans même le regarder, le tableau qu'on lui apportait. A ce compte-là, il ne tarda pas à avoir son appartement plein, si bien qu'il finit par louer un local où il empilait ses toiles. Et si, en mourant, M. de Bellio laissa une énorme fortune en tableaux qui ne lui avaient presque rien coûté, du moins, on peut garantir qu'il ne le fit pas exprès. De même que Caillebotte, il recommandait au peintre de lui réserver les laissés-pour-compte.

« Mais le souvenir me revient de quelques autres toiles de la rue Saint-Georges : le *Déjeuner*, aujourd'hui au Musée de Francfort ; la *Femme à la tasse de chocolat*, un type de femme que j'aimais beaucoup peindre : Marguerite. J'avais, à ce moment-là, un autre modèle, une belle fille aussi, et d'une docilité charmante : Nini ; mais je préférais encore Marguerite. Je trouvais que, dans Nini, il y avait un peu de la contrefaçon belge.

— Moi. Quelles sont les robes que vous aimez le mieux peindre ?...

— RENOIR. A dire vrai, ce que j'aime le mieux, c'est la femme nue ; mais, quand je dois la peindre habillée, la robe que je préfère c'est encore la robe princesse, qui donne aux femmes cette ligne sinueuse, si jolie.

« Je m'aperçois que je ne vous ai pas parlé du *Moulin de la Galette*. Cette toile est aussi de la rue Saint-Georges (1875). Franc-Lamy avait, un jour, découvert dans mon atelier, en retournant les châssis, une esquisse que j'avais faite, de souvenir, du Moulin de la Galette.

— « Il faut absolument exécuter ce tableau ! » me dit-il.

« C'était bien compliqué : les modèles à trouver, un jardin... J'eus la veine d'obtenir une commande qui m'était royalement payée : le portrait d'une dame et de ses deux fillettes, pour douze cents francs. Je louai alors, à Montmartre, une maison entourée d'un grand jardin, à raison de cent francs par mois ; ce fut là que je peignis le *Moulin de la Galette*, la *Balançoire*, la *Sortie du Conservatoire*, le *Torse d'Anna*... M'a-t-on assez reproché, dans ce dernier tableau, les ombres violettes sur le corps !

— « Votre modèle a eu la petite vérole ! » me disait un critique d'art.

« Et on sentait qu'en disant la « petite », il voulait rester convenable.

« C'est aussi dans ce jardin que je fis les différents portraits de *Mademoiselle Samary*. Quelle charmante fille ! Et quelle peau ! Positivement, elle éclairait autour d'elle.

« J'avais eu la chance de trouver, au *Moulin de la Galette*, des fillettes qui ne demandaient pas mieux que de poser, comme les deux qui sont au premier plan de mon tableau. L'une d'elles, pour les rendez-vous à l'atelier, m'écrivait sur du papier doré sur tranches. Et c'était la même que je rencontrais portant des pots de lait dans Montmartre. J'appris un jour qu'elle avait une petite garçonnière que lui avait meublée un abonné de l'Opéra, sauf que sa mère y avait mis cette condition qu'elle ne lâcherait pas son métier.

« J'avais craint tout d'abord que les amants, plus ou moins de cœur, de ces modèles que je dénichais au Moulin de la Galette, n'empêchassent leurs « femmes » de venir à l'atelier. Mais eux aussi étaient de bien bons bougres : je pus même en faire poser quelques-uns. Il ne faut pas croire toutefois que ces filles se donnaient à qui voulait. Il y avait, parmi ces enfants lâchées dans la rue, des vertus farouches. Je me rappelle une petite, tout à fait mon type, qui s'était arrêtée, les yeux en extase, devant une vitrine de bijoux de la rue de la Paix. J'étais avec Deudon et un de ses amis, le baron de Rothschild. Celui-ci nous dit :

— « Je vais combler les vœux de cette enfant ! »

« Il s'approche :

« Mademoiselle, voulez-vous cette bague ? »

« L'autre, alors, se met à pousser de tels cris qu'un agent arriva, qui conduisit tout le monde au poste. Lorsqu'elle eut expliqué son cas, le commissaire, après avoir fait toutes sortes d'excuses de la maladresse de son agent, donna à notre ingénue un savon de premier ordre. En nous en allant, nous entendions des bouts de phrases :

— « Espèce de petite dinde... Comment ! lorsque Monsieur le baron !... »

— MOI. J'ai vu dernièrement, à une exposition, votre tableau des *Brodeuses*. Ce n'est pas au Moulin de la Galette que vous avez pu trouver de telles princesses ? Et de quand ?

— RENOIR. Ce tableau n'est pas très ancien (vers 1900-1905). Quant à vos « princesses », ce sont tout simplement mes bonnes... De l'époque du *Moulin de la Galette,* je me souviens encore d'une toile représentant une *Fillette en tablier bleu.* Il a été peint aussi à Montmartre en plein air.

— MOI. Et les panneaux de la danse qui sont chez Durand-Ruel ?

— RENOIR. Ils ont été faits après le *Moulin de la Galette.* C'est ma femme qui figure une des danseuses ; l'autre danseuse était un modèle, Suzanne Valadon, qui devait, par la suite, se mettre à peindre. C'est mon ami Lauth qui posa pour les deux danseurs. Il figure aussi dans les *Canotiers* avec Lestringuès et Ephrussi.

— Moi. La vente que vous avez organisée, à l'hôtel Drouot, avec Claude Monet, Sisley et Berthe Morizot, n'est-elle pas de ce temps ?

— Renoir. Lorsque j'eus obtenu cette commande de douze cents francs qui me permit de louer le jardin de la rue Cortot, je me dis : « Il se trou- « verait peut-être encore des braves gens disposés « à nous payer nos toiles des douze cents francs, « si seulement on nous connaissait ! Frappons un « grand coup avec une vente à l'hôtel Drouot ! »

« Mes amis partagèrent, d'enthousiasme, cette idée. Nous réunîmes vingt toiles de choix, du moins nous les croyions telles. Or, les enchères produisirent deux mille cent cinquante francs, de sorte qu'après la vente les frais n'étant même pas couverts, nous restions devoir de l'argent au commissaire-priseur. Un M. Hazard avait eu pourtant le courage de pousser une de mes toiles, un *Pont Neuf*, jusqu'à trois cents francs *. Mais cet exemple ne fut pas suivi.

« Tout de même, cette vente devait avoir pour moi un heureux résultat : je fis la connaissance

---

* A la vente Hazard, en 1919, ce même *Pont Neuf* devait faire près de cent mille francs. *(Note de l'auteur.)*

de M. Chocquet. C'était un employé de ministère qui, avec des ressources très modestes, avait réussi à se faire une collection des plus remarquables. Il est vrai de dire qu'en ce temps, et même beaucoup plus tard, il n'était pas nécessaire, pour collectionner, d'être riche ; il suffisait d'avoir un peu de goût.

« M. Chocquet était entré par hasard à l'hôtel Drouot pendant l'exposition de nos tableaux. Il avait bien voulu trouver à mes toiles quelque ressemblance avec les œuvres de Delacroix, son dieu. Le soir même de cette vente, il m'écrivait, me faisant toutes sortes de compliments de ma peinture, et me demandant si je consentirais à faire le portrait de Madame Chocquet ; j'acceptai son offre aussitôt. C'est qu'il ne m'arrive pas souvent de refuser les commandes de portraits. Lorsque le modèle est par trop « toc », je le prends en manière de pénitence ; il est bon, pour un peintre, de faire, de temps en temps, une besogne embêtante... Pour le portrait de Madame L... par exemple, j'ai répondu que je ne savais pas peindre les bêtes féroces ! Tel n'était pas le cas pour Madame Choquet. Si vous avez vu ce portrait, Vollard, peut-être avez-vous remarqué, dans le haut de la toile, la copie d'un Delacroix ? Ce Delacroix faisait partie de la collection de M. Chocquet. C'est lui-même qui m'avait demandé de mettre le Delacroix dans mon tableau :

— « Je veux vous avoir ensemble, vous et Delacroix. »

« Vous dirai-je qu'aussitôt que je connus M. Chocquet, je pensai à lui faire acheter un Cézanne ! Je le conduisis chez le père Tanguy, où il prit une petite *Étude de nus*. Il était ravi de son acquisition, et pendant que nous rentrions chez lui :

— « Comme cela fera bien entre un Delacroix et un Courbet ! »

« Mais, au moment de sonner, il s'arrêta :

— « Que va dire Marie ? Écoutez, Renoir, rendez-moi un service ! Vous direz à ma femme que le Cézanne vous appartient, et, en vous en allant, vous oublierez de le reprendre ; Marie aura le temps de s'habituer à cette toile avant que je lui avoue que c'est à moi. »

« Cette petite ruse fut couronnée d'un plein succès, et Madame Chocquet, pour faire plaisir à son mari, se fit très vite à la peinture de Cézanne.

« Quant à M. Chocquet, son admiration pour Cézanne, que je ne tardai pas à lui amener en personne, devint si grande qu'on n'allait plus pouvoir parler devant lui d'un peintre sans qu'il s'écriât :

— « Et Cézanne ? »

« Si vous aviez entendu M. Chocquet raconter de quelle façon, pendant ses séjours à Lille, sa cité natale, il « renseignait » ses concitoyens,

si fiers de la jeune gloire parisienne d'un autre
lillois, Carolus Duran. — « Carolûsse Dûran? »
de demander M. Chocquet, à ceux qui lui parlaient
de l'auteur de la *Dame au gant.* « Carolûsse Dûran ?
« Ma foi non, je n'ai jamais entendu ce nom-là à
« Paris. Êtes-vous bien sûrs de ne pas vous trom-
« per ? Cézanne, Renoir, Monet, voilà des noms de
« peintres dont tout le monde parle à Paris ! Mais
« votre Carolûsse, bien sûr, vous devez faire erreur ! »

« A propos de mes autres amateurs, Vollard,
avez-vous vu la collection de M. de Bellio, dont je
vous parlais tout à l'heure ? Il y a là un petit
portrait que j'ai fait d'après moi. Tout le monde
vante aujourd'hui cette esquisse sans importance.
Je l'avais jetée, à l'époque, dans la boîte à ordures ;
M. Chocquet me demanda de la lui laisser prendre.
J'étais confus que ce ne fût pas meilleur. Quelques
jours après, il m'apporta mille francs. M. de Bellio
s'était emballé sur ce bout de toile, et lui en avait
donné cette somme énorme. Voilà comment étaient
les amateurs de ce temps-là !

« Sauf que c'étaient là, tout de même, il faut
bien l'avouer, des exceptions ; car, pour un Chocquet, un de Bellio, un Caillebotte, un Bérard,
j'en ai rencontré combien d'autres... Et la férocité
du « bourgeois » !

« J'arrive, un jour, chez S... Je le trouve en
larmes.

— « C'est Joseph » (son fils), me dit-il.

« Je pensais qu'il y avait là-dessous une histoire de femme : mais quand on a vingt ans et un père de cinq cent mille francs de rentes !

— « Vous n'y êtes pas, me dit S... C'est de bonheur que je pleure. Je viens de m'apercevoir que Joseph est avare... »

— Moi. J'allais oublier de vous parler du portrait de *Madame Daudet*. N'est-il pas de l'époque du *Moulin de la Galette* ?

— Renoir. C'est exactement de 1876. J'étais allé passer un mois chez Daudet à Champrosay. Je fis, en même temps, le portrait du *Jeune Daudet dans le jardin*, et un *Bord de Seine* à l'endroit où la rivière longe Champrosay.

« Franc-Lamy me montrait, un jour, une lettre où je lui écrivais : « Je t'envoie une rose cueillie « sur le tombeau de Delacroix à Champrosay. » Comme tout cela est loin !... »

IX

LE CAFÉ GUERBOIS, LA NOUVELLE ATHÈNES, LE CAFÉ TORTONI

Renoir. — Avant 1870, les peintres *impressionnistes* et les hommes de lettres qui s'étaient constitués les protecteurs de la « peinture claire » se rencontraient au Café Guerbois, situé à l'entrée de l'avenue de Clichy. Fantin-Latour, dans *Un atelier aux Batignolles*, a réuni, autour de Manet à son chevalet, certains des habitués du Guerbois : Zola, Maître, Astruc, Bazille, Claude Monet, Scholderer, un peintre étranger ami de Fantin, et moi-même.

« Après 1870, le Café Guerbois fut délaissé. On alla de préférence, jusque vers 1878, à la Taverne de la Nouvelle Athènes. Celle-ci avait une concurrence : le Café Tortoni. Tortoni, c'était le boulevard, quasiment la célébrité. Là trônaient, de cinq à sept, Aurélien Scholl, Albert Wolff et d'autres gloires parisiennes, tel Pertuiset, le chasseur de lions. Vous connaissez bien le Pertuiset de Manet ?...

J'ai entendu reprocher au peintre ce lion qui a l'air d'une descente de lit et le fusil Lefaucheux dont il a armé son modèle. On ne comprenait pas que Manet avait voulu se moquer du chasseur de lions avec cette peau naturalisée et le fusil à tuer les moineaux...

— Moi. Vous avez connu Albert Wolff ?

— Renoir. Un peu. Je me rappelle, un jour, une grande discussion, au Tortoni, entre Wolff et un autre... C'était, je crois, Robert-Fleury... Ils se demandaient ce qui valait le mieux : d'émailler tout de suite sa peinture, comme faisait Blaise Desgoffe, ou de laisser au temps le soin de l'émailler, comme faisait Vollon.

— Moi. J'entends Cézanne au milieu de telles discussions :

— « Tas de châtrés ! »

— Renoir. Cézanne ne descendait guère jusqu'au boulevard. A peine l'ai-je rencontré trois ou quatre fois au Guerbois ou à la Nouvelle Athènes. Et encore fallait-il qu'il y fût entraîné par son ami Cabaner.

— Moi. Vous ne m'avez pas dit quels étaient les rapports de Manet et de Degas ?

— Renoir. Ils étaient très liés. Ils s'admiraient comme artistes et se plaisaient beaucoup comme camarades. Sous les manières un peu boulevardières de Manet, Degas retrouvait l'homme de

Fac-simile en réduction d'après une eau forte originale
de Renoir.

bonne éducation et le « bourgeois à principes » qu'il était lui-même. Mais, comme toutes les grandes amitiés, la leur n'allait pas sans de perpétuelles brouilles, suivies, tout de suite, de raccommodements. Au sortir d'une dispute, Degas écrivait à Manet : « Monsieur, je vous renvoie vos *Prunes...* » et Manet, de son côté, retournait à Degas le portrait que ce dernier venait de faire de *Manet et Madame Manet.* C'est même à ce propos qu'arriva leur plus sérieuse querelle. Ce tableau représentait Manet à moitié étendu sur un sofa et, à côté, Madame Manet au piano. Manet, jugeant qu'il ferait mieux tout seul, avait froidement supprimé Madame Manet, sauf un bout de jupe. Vous savez si Degas aime qu'on touche à ses œuvres, et tout le tapage qu'il fait, si seulement on remplace par un cadre doré les « cadres de jardin », comme disait Whistler, qu'il met à ses toiles...

« Cependant le tableau de Degas devait suggérer à Manet un de ses chefs-d'œuvre : *Madame Manet au piano.* Personne n'ignore combien Manet était influençable : « un pasticheur de génie », a-t-on dit. Mais, lorsqu'il se laissait aller à son sentiment propre... Je voyais à une devanture, rue Laffitte, deux *Jambes de femme*, un de ces bouts de croquis que Manet prenait dans la rue : le côté unique de ça !...

« Je viens de vous dire que Degas retrouvait

dans Manet le bourgeois parisien qu'il était lui-même. Mais il y avait aussi chez Manet un autre élément et qui n'était pas le moins curieux : un fond de gaminerie, qui le poussait à toujours vouloir mystifier son monde.

— Moi. Dujardin-Beaumetz racontait, dans l'atelier de Guillemet, qu'un membre de l'Institut, rencontrant Manet :

— « Je prépare, lui dit-il, une étude sur les maîtres modernes. Vous qui avez approché le grand Couture ?... »

« Alors Manet :

— « Ce qui m'a surtout frappé, c'est un certain usage très en honneur dans l'atelier du maître. Il y avait là un flageolet que les élèves avaient coutume de s'introduire dans le derrière. Et lorsqu'un visiteur de marque venait à l'atelier, on ne manquait point de lui déclarer que les traditions exigeaient que tous ceux qui étaient admis chez Couture soufflassent dans ce flageolet ! »

— RENOIR. Degas avait de commun avec Manet l'esprit de mystification. Je l'ai vu s'amuser, comme un écolier, à créer, autour de tel ou tel artiste, une réputation naturellement destinée à périr la semaine suivante.

« Moi-même, je m'y suis laissé prendre. Un jour que j'étais sur l'impériale d'un omnibus, Degas, qui traversait la rue, me crie, les mains en porte-voix :

— « Allez voir l'exposition du comte Lepic. »

« J'y cours. Et, très consciencieusement, je cherche la chose intéressante. Je finis par dire à Degas :

— « Votre Lepic ?...

— « N'est-ce pas ? beaucoup de talent, me répond Degas. Mais quel dommage que ce soit un peu creux !... »

— Moi. J'ai entendu opposer Lautrec à Degas ?...

— Renoir. Quelle plaisanterie ! Lautrec a dessiné de bien jolies affiches, mais de là... Tenez, ils ont fait tous les deux des femmes de b..del ; mais il y a un monde qui les sépare. Lautrec a fait une femme de b..del ; chez Degas, c'est l'esprit de la femme de b..del, c'est toutes les femmes de b..del réunies en une seule. Et puis, celles de Lautrec sont vicieuses ; celles de Degas, jamais. Vous connaissez *La Fête de la Patronne* ? Et tant d'autres scènes du même genre.

« Quand on peint un b..del, c'est souvent pornographique, mais toujours d'une tristesse désespérante. Il n'y a que Degas pour donner à un tel sujet un air de réjouissance en même temps que l'allure d'un bas-relief égyptien. Ce côté quasi religieux et si chaste, qui rend son œuvre tellement haute, grandit encore quand il touche à la fille.

— Moi. Je voyais, un jour, à une vitrine de l'avenue de l'Opéra une *Femme au tub* de Degas, et, planté devant, un passant qui devait être un peintre, car avec son pouce il traçait dans l'air un dessin imaginaire. J'entendis ces mots : « Un ventre « de femme comme ça, c'est aussi important que « le *Sermon sur la Montagne.* »

— RENOIR. Votre homme devait être un littérateur. Un peintre ne s'exprime pas comme ça.

— MOI. En même temps passait un maçon. Il s'arrête, lui aussi, devant le nu : « N. de D. ! je ne « voudrais pas coucher avec cette gonzesse-là. »

— RENOIR. Le maçon avait raison. L'art, ce n'est pas de la « rigolade ».

— MOI. Avez-vous eu occasion de voir Degas faire ses eaux-fortes ?

— RENOIR. J'allais quelquefois avec lui chez Cadard, généralement après le dîner. Degas prenait une plaque et « sortait » ses admirables impressions. Je n'ose dire eau-forte, pour ne pas me faire « engueuler ». Les spécialistes sont toujours là à vous répéter que c'est fait à la diable, et par un ignorant des règles primordiales de l'aqua-forte, mais comme c'est beau !

— MOI. Je vous avais toujours entendu dire qu'il fallait posséder son métier à fond.

— RENOIR. Oui, mais je ne vous parle pas du métier d'en..leur de mouches des graveurs modernes. Parmi les plus belles eaux-fortes de Rembrandt, il y en a qui ont l'air d'être faites avec un bout de bois ou la pointe d'un clou. Pouvez-vous

dire que Rembrandt ne savait pas son métier ?
Bien au contraire, c'est parce qu'il le possédait à
fond, et qu'il savait tout le prix du travail de la
main qu'on ne trouve pas, s'interposant entre la
pensée de l'artiste et l'exécution, tous ces outils
qui font ressembler l'atelier du graveur moderne
à un cabinet de dentiste.

— MOI. Et le Degas peintre ?

— RENOIR. Je viens de voir à une vitrine un
dessin de Degas, un simple trait au fusain, dans
un cadre d'or, à tuer tout. Mais ce que ça se
tenait ! Je n'ai jamais imaginé un plus beau dessin
de peintre !

— MOI. Je veux dire, quand Degas emploie la
couleur ?

— RENOIR. Lorsqu'on voit ses pastels !... Quand
on pense qu'avec une matière si désagréable à
manier, il a pu retrouver le ton des fresques !
Lorsqu'il a fait son extraordinaire exposition,
en 85, chez Durand-Ruel, j'étais en plein dans mes
recherches à rendre des fresques avec la peinture à
l'huile. Vous pensez si j'étais « épaté » de ce que je
voyais là.

— MOI. C'est justement du Degas peintre à
l'huile.... »

Mais Renoir : « Regardez donc, Vollard ! »

Nous étions arrivés place de l'Opéra. Me dési-
gnant la *Danse* de Carpeaux :

« Mais c'est en parfait état ! Qui donc m'avait dit que ce groupe tombait en ruines ? Remarquez que je ne veux aucun mal à Carpeaux, mais j'aime bien que chaque chose soit à sa place. Que l'on entoure cette sculpture de soins et de vénération, comme tout le monde le réclame, je n'y vois aucun mal, mais à condition qu'on transporte ailleurs ces femmes ivres... La danse que l'on enseigne à l'Opéra, a une tradition, c'est quelque chose de noble, ce n'est pas un cancan... Et on a la chance de vivre à une époque où il existe un sculpteur capable de rivaliser avec les anciens ! Mais pas de danger...

— Moi. Rodin vient d'avoir la commande d'un « Penseur ». Et le *Victor Hugo* et la *Porte de l'Enfer*...

— Renoir. Qui donc vous parle de Rodin ? Je vous dis le premier sculpteur. Voyons, c'est Degas ! J'ai vu de lui un bas-relief qu'il laissait tomber en poussière, c'était beau comme l'antique. Et cette danseuse, en cire... Il y avait là une bouche, une simple indication, mais quel dessin ! Malheureusement, à force de s'entendre dire : « Mais vous avez « oublié de faire la bouche ! »

« C'était ce serin de... Je ne peux décidément trouver aucun nom, aujourd'hui... Cet ami de Degas qui fait des femmes nues qui ont l'air d'être moulées sur nature et qui doivent l'être sûrement...

Enfin, d'être tellement embêté pour cette bouche, il l'a faite : c'était plus ça ! Avez-vous vu l'extraordinaire buste de Zandomeneghi ! Degas prétendait toujours qu'il n'était pas terminé, pour avoir un prétexte à le cacher...

— Moi. Je croyais qu'ils n'étaient pas bien ensemble, Degas et Zandomeneghi.

— Renoir. Ils ont été intimes. Seulement, Degas froissa mortellement l'autre, un jour qu'il lui demandait de venir poser. Degas disait : « Zan- « domeneghi, vous qui n'avez rien à faire... » Zandomeneghi, d'abord, trouvait qu'il avait à faire. Et il ajoutait : « On ne parle pas comme cela à un « Vénitien. »

— Moi. Vous étiez voisin de Zandomeneghi, rue Tourlaque ?

— Renoir. Un bien brave homme ! Mais toujours à bouder. J'avais beau lui dire : « Voyons, « Zandomeneghi, ce n'est pourtant pas ma faute « si l'Italie n'a pas encore conquis la France, et « si vous ne pouvez pas faire votre entrée dans « Paris vêtu d'un costume de doge et monté sur « un palefroi ! »

———

X

LE SALON DE MADAME CHARPENTIER

Renoir. — Le salon de Madame Charpentier était le rendez-vous de tout ce que Paris comptait de célébrités dans le monde de la politique, de la littérature et des arts. Les familiers de la maison s'appelaient : Daudet, Zola, Spuller, les deux Coquelin, Flaubert, Edmond de Goncourt... Le portrait de ce dernier par Bracquemond est frappant... Très froid, prétentieux, aigri.

— Moi. Guillemet me racontait la brouille de Goncourt avec Zola. Goncourt, tout d'un coup, cessant de dire bonjour à Zola, et même, le faisant attaquer en sous-main ; Zola navré, et impossible de savoir ce qu'il avait bien pu faire au « patron »... Charpentier, très embêté de ne plus pouvoir réunir en même temps chez lui ses deux auteurs, s'entremettant, et devant les faux-fuyants de Goncourt :

— « Mais, enfin, si Zola venait à vous la main tendue, vous ne la lui refuseriez pas ? »

« Bref, grand dîner de réconciliation. Goncourt, tout le temps, très distant, si bien qu'à la fin du repas, Zola veut à tout prix avoir une explication, et entraîne l'autre dans un petit salon. Guillemet le voit sortir l'air tellement ahuri...

— « Eh bien ! quoi ? »

« Alors Zola :

— « Je lui ai demandé ce que je lui avais fait ! « Vous me demandez ce que vous m'avez fait, « vous qui nous avez dépouillés, mon frère et moi, « de notre bien !... Et ce titre *L'Œuvre* que vous « avez pris pour votre livre, après que nous avions « écrit *L'Œuvre de François Boucher* ! »

— RENOIR. J'allais vous dire que j'ai rencontré aussi Cézanne chez les Charpentier, il était venu avec Zola ; mais le lieu était trop mondain pour qu'il s'y plût. Du moins, quand on parlait peinture dans la maison, je ne manquais pas de dire, comme M. Chocquet : « Et Cézanne ! »

« Si bien que Zola finit par croire que c'était pour lui faire plaisir que je trouvais du talent à son « pays ».

— « Vous êtes aimable de dire du bien de mon vieux camarade ; mais, entre nous, à quoi bon tenter de faire quelque chose pour ce raté ? »

« Et comme je protestai.

— « Après tout, conclut Zola, vous savez bien que la peinture, ça n'est pas mon affaire ! »

« C'est chez Madame Charpentier que je connus Juliette Adam, Maupassant et aussi cette charmante Madame Clapisson dont je fis deux portraits, avec quel plaisir ! Maupassant était alors au plus fort de sa célébrité et la marche toujours ascendante de sa production ne laissait pas de remplir d'effroi Goncourt, et même Zola. La conversation entre eux commençait toujours ainsi :

— « Ah ! Maupassant ! Quel talent ! Mais qui donc lui dira le danger de trop produire ? »

« Je me rappelle avoir vu Tourguenev chez les Charpentier, et encore bien d'autres dont les noms ne me reviennent pas. Il y avait notamment quelqu'un qui, pour s'imposer à l'attention, portait une ceinture rouge sous son habit noir ; il se faisait remarquer également par la véhémence avec laquelle il affirmait que les musées étaient nécessaires à l'éducation du peuple.

« Le peuple dans les musées, quelle bonne blague !... J'étais assis, un jour, sur un banc, au Louvre ; j'entends des gens dire, en passant devant moi :

— « Oh ! c'te gueule !... »

« Je me dis : « Qu'est-ce que j'ai donc aujour- « d'hui ? » En m'en allant, je croise d'autres visiteurs, je les observe machinalement. Ils s'arrêtent juste à l'endroit que je venais de quitter. L'un d'eux s'écrie :

— « N. de D. ! pigez-moi c'te binette-là !... »

« C'était la *Petite Infante* de Vélasquez.

— MOI. Cet homme à la ceinture rouge, que vous avez vu chez les Charpentier, me fait penser à Barbey d'Aurevilly...

— RENOIR. Je l'ai aperçu une ou deux fois. Malgré tous les déguisements dont il s'affublait, quelle sacrée allure ! Je me rappelle même qu'en le voyant j'ai eu l'idée de lire un de ses livres ; mais je suis tombé tout de suite sur des illustrations faites par ce Cabanel belge... vous savez bien qui je veux dire : Rops... et alors, ma foi, cela m'a enlevé le courage de lire le texte.

« Pour en revenir à Madame Charpentier, elle ne se contentait pas d'inviter les artistes à ses soirées. C'est elle qui donna l'idée à son mari, de créer, pour défendre la cause de l'art impressionniste, *La Vie Moderne*, à laquelle nous collaborions. On devait être payé sur les bénéfices à venir : c'est dire que nous ne touchâmes pas un sou. Mais, le plus terrible de tout, on nous imposait, pour nos dessins, un papier... Il fallait s'aider d'un grattoir pour rendre les blancs : je n'ai jamais pu m'y faire. Le rédacteur en chef de *La Vie Moderne* était Bergerat. Quand, plus tard, Charpentier lâcha son journal, mon jeune frère Edmond en obtint la direction. Mais le journal était à bout de souffle, il ne tarda pas à s'éteindre.

— Moi. Vous m'avez parlé, tout à l'heure, de Zola. Que pensez-vous de ses livres ?

— Renoir. J'ai toujours détesté ce qu'il écrivait. Quand on veut peindre un milieu, il faut commencer, ce me semble, par se mettre dans la peau de ses personnages. Zola, lui, se contente d'ouvrir une petite fenêtre, de jeter un coup d'œil dehors, et il s'imagine avoir peint le peuple en disant qu'il sent mauvais. Et le bourgeois, donc ? Mais quel beau livre il aurait pu faire, non seulement comme reconstitution historique d'un mouvement d'art très original, mais aussi comme « document humain » — puisque c'est sous ce nom qu'il vendait sa marchandise — si, dans son *Œuvre*, il s'était seulement donné la peine de raconter tout bonnement ce qu'il avait vu et entendu dans nos réunions et à l'atelier : car, avec nous, il se trouvait avoir vécu vraiment de la vie de ses modèles ! Mais, au fond, Zola s'en fichait bien, de représenter ses amis tels qu'ils étaient, c'est-à-dire à leur avantage...

— Moi. Je voyais un jour Demont-Breton chez Guillemet. « Ton » Zola, disait l'autre à Guillemet, « me fait « rigoler », avec son semeur qui lance « son grain d'un « geste large... ». Toi qui connais les « champs, tu as pu remarquer de quel geste « mesuré et court... Zola aura vu un paysan qui « fumait son champ ; ce qu'il a pris pour du grain, « c'était de la poudrette ! »

« Monsieur Renoir, un écrivain célèbre que vous deviez voir chez les Charpentier : Flaubert ?

— Renoir. Je m'en souviens très bien, il avait l'air d'un capitaine en retraite qui serait devenu placier en vins.

— Moi. Et ses ouvrages ?

— Renoir. J'ai parcouru *Madame Bovary*. C'est l'histoire d'un crétin dont la femme veut devenir quelque chose, et, quand on a lu ces trois cents pages, on ne peut s'empêcher de se dire à soi-même : Mais je me fous de tous ces gens-là !

— Moi. Le personnage d'Homais ?

— Renoir. ....

— Moi. Guillemet me parlait de l'étonnement joyeux de certains des amis de Flaubert quand, dans les dernières années de sa vie, on entendait le célèbre auteur de *Salammbô* flétrir le cléricalisme, s'indigner de l'influence des Jésuites, prenant à son compte tout le bagage philosophique et politique de son pharmacien...

— Renoir. Un livre que je trouvais très beau, *Salammbô*, pas si beau pourtant que *Le Roman de la Momie*, — à mon avis la chose la plus parfaite qui ait été écrite dans ce genre. — Je sais bien que les « connaisseurs » reprochent à Gautier de ne pas nous laisser sentir l'effort, d'écrire librement et joyeusement, comme s'il racontait une histoire pour le plaisir. Ah ! ce même reproche, que de fois ne me l'a-t-on pas fait à moi-même ! C'est à croire que pour plaire, il faut nécessairement être ennuyeux. Quand je vous disais que la France est devenue protestante ! Je crois aussi que le public craint toujours de ne pas en avoir pour son argent. Il veut être assuré que nous avons peiné sur une chose avant qu'il daigne la regarder... Et ces toiles sur lesquelles Cézanne est revenu des deux cents fois, et qui ont l'air d'avoir été faites du coup !

— Moi. Vous ne m'avez pas encore parlé de Huysmans. N'allait-il pas chez Madame Charpentier ?

— Renoir. C'est à peine si j'ai aperçu Huysmans quelquefois à la Nouvelle Athènes. L'homme était très digne, mais il avait le tort, à mon avis, de célébrer l'œuvre d'un peintre non pour l'œuvre elle-même, mais pour le sujet. C'est ainsi qu'il a pu confondre dans une même admiration Degas, Rops et Gustave Moreau. Ah ! ce Gustave Moreau, dire qu'on a pris ça au sérieux, un peintre qui n'a jamais su seulement dessiner un pied ! Le mépris du monde qu'il avait, et qu'on a tant vanté, moi, j'appelle cela de la paresse. Mais c'était un homme rudement malin, allez, d'avoir imaginé, pour prendre les Juifs, de peindre avec des couleurs d'or... Jusqu'à Ephrussi, que je croyais, tout de même, un peu sensé ! J'arrive, un jour, chez lui : je tombe sur un Gustave Moreau !

— Moi. N'avez-vous pas fait une décoration pour le salon de Madame Charpentier ?

— Renoir. Faire des décorations a toujours été pour moi un plaisir sans pareil, à commencer par celles qu'au temps de ma jeunesse je peignais dans les cafés, à même le mur. Malheureusement, chez Madame Charpentier, la place était mesurée ; les salles de réception étaient entièrement décorées avec des japonaiseries, selon la mode d'alors. Et c'est peut-être d'avoir vu tant de japonaiseries que m'est venue cette horreur pour l'art japonais.

« Pendant l'Exposition de 1889, mon ami Burty m'avait mené devant des estampes japonaises. Il y avait là des choses très belles, je n'en disconviens pas ; mais, en sortant de la salle, j'ai vu un fauteuil Louis XIV recouvert d'une petite tapisserie tout ce qu'il y a de plus simple ; j'aurais embrassé ce fauteuil !

« A défaut de murs à décorer, Madame Charpentier m'avait abandonné la surface de deux étroits panneaux en hauteur dans la cage de l'escalier. Je m'en tirai avec deux personnages, un homme et une femme, faisant pendant. Lorsque mon œuvre fut terminée, on voulut avoir l'appréciation d'un vieil ami de la maison, le peintre

Henner, et celui-ci, me prenant les mains avec cet attendrissement facile aux Alsaciens :

— « *C'est drès pien, c'est drès pien, mais il y a une vaute ! L'homme toit doujours aidre blus prun gue la vamme !* »

« Un petit détail : Madame Charpentier avait une certaine ressemblance avec Marie-Antoinette. Aussi n'y avait-il pas de soirée costumée où elle ne parût en Marie-Antoinette. Ses meilleures amies en crevaient de jalousie, et, comme elle était plutôt petite, l'une d'elles eut ce mot :

— « C'est une Marie-Antoinette raccourcie par en bas ! »

— Moi. Vous avez connu Gambetta chez Madame Charpentier ? On ne parle de lui que pour le porter aux nues ou pour le débiner ; quel souvenir en avez-vous gardé ?

— Renoir. Le meilleur des souvenirs. Quelle simplicité, et quelle courtoisie ! Je m'enhardis, un jour qu'il m'avait particulièrement témoigné sa bienveillance, à lui demander sa protection pour être nommé conservateur d'un musée quelconque de province, à deux cents francs par mois. Spuller était présent. Je lui parus d'une ambition démesurée. Quant à Gambetta, ce qui le frappa, ce ne fut point de me voir si gourmand, ce fut l'étrangeté de ma demande.

— « Mais d'où sortez-vous donc ? finit-il par

dire. Mon cher Renoir, faites une demande de professeur de chinois ou d'inspecteur de monuments, enfin quelque chose qui ne concerne pas votre métier, je vous appuierai : quant à nommer un peintre conservateur d'un musée, on rirait trop de nous ! »

« Mais lorsque Gambetta pouvait rendre un service, avec quelle bonne grâce il le faisait ! Pendant une de nos expositions, j'étais allé à *La République Française* pour tâcher d'avoir un petit bout d'article. Je tombe sur Challemel-Lacour, qui me dit aussitôt :

— « Nous ne pouvons rien faire pour vous, vous êtes des révolutionnaires ! »

« Dans l'escalier, je croise Gambetta, qui me demande ce que j'étais venu faire au journal. Je lui raconte mon affaire. Il se met à rire :

— « Ah ! elle est bien bonne ! Challemel-Lacour qui ne veut pas qu'on soit des révolutionnaires ! »

« Et Gambetta nous fit faire l'article. C'était le plus simple de toute la bande.

— Moi. Et pourtant, comme la tête aurait pu lui tourner ?

— Renoir. Quand il arrivait dans un salon, il fallait voir ce remue-ménage ! Mais le ministre, que les prévenances mettaient mal à l'aise, coupait dès le seuil la foule des empressés, et se réfugiait au fumoir aussitôt envahi par les femmes les plus délicates, qui, ces soirs-là, affirmaient n'aimer rien tant que l'odeur des cigares et des pipes. Quelle ne fut pas ma surprise, un soir, chez Charpentier, de trouver Gambetta tout seul au fumoir ! Plus un téton !... J'appris alors que, ce même jour, le Président du Conseil, pour avoir « engueulé » la Chambre, avait subi un de ces échecs dont on ne se relève pas.

« C'est aussi chez les Charpentier que j'ai retrouvé, après plusieurs années de séparation, mon ami le musicien Chabrier. C'est lui qui avait la *Sortie du Conservatoire*, que j'ai peinte dans le jardin de la rue Cortot. Nous avons été longtemps intimes. Et quel musicien ! Je me rappelle un soir, chez moi, à Montmartre. Chabrier revenait d'Espagne et en rapportait les thèmes caractéristiques de son *Espana*. Après le dîner, il se mit au piano, et, toute la soirée, il a cherché *Espana*. Quel pianiste incomparable ! Il jouait avec tout son corps ; les pieds, les mains marchaient en même_ temps, et les ollé, ollé !

— Moi. Le portrait de *Madame Charpentier*, de quelle époque est-il ?

— RENOIR. Il est de 1878, et ce fut même à cause de la personnalité du modèle qu'on consentit à admettre, au Salon de 1879, cette œuvre « révolutionnaire ».

« En même temps que *Madame Charpentier et*

ses enfants, j'avais envoyé le portrait en pied de *Mademoiselle Samary*. C'est un vrai miracle que cette toile ait été conservée. La veille du vernissage, un ami vient me dire :

— « Je sors du Salon ; c'est très drôle, votre *Samary* a l'air de couler ! »

« Je me précipite. Mon tableau n'était plus reconnaissable. Voici ce qui était arrivé : le garçon chargé de transporter ma toile avait reçu, de l'encadreur, l'ordre de vernir un autre tableau qu'il avait apporté en même temps que le mien. J'avais pris la précaution de ne pas vernir ma toile, qui était toute fraîche. Le porteur crut que c'était par économie, et comme il lui restait un fond de vernis, il voulut m'en faire profiter. En une après-midi, je dus repeindre tout mon tableau. Vous pensez si j'ai eu chaud !

— Moi. Que vous a été payé le portrait de *Madame Charpentier* ?

— Renoir. Je crois bien que ce fut dans les mille francs.

— Moi. Mille francs ! Une grande toile avec trois figures ?

— Renoir. Ce qui était un prix exceptionnel pour l'époque. Avez-vous connu le nommé Poupin, un ancien employé de Durand-Ruel, qui avait acheté un fonds d'objets de Jérusalem, tout en continuant à « bricoler » les tableaux ? Eh bien, je me rappelle avoir vu, contre son magasin, à même le trottoir, une de mes toiles, *Le Page*, une figure de femme, grandeur nature, avec le prix, marqué à la craie : Quatre-vingts francs !

— Moi. N'avez-vous jamais peint Mademoiselle Samary dans un de ses rôles ?

— Renoir. Non, je l'ai à peine vue sur la scène. Je n'aime pas comme on joue au Théâtre-Français. Un jour, aux Folies-Bergère, je voyais Ellen André dans une pantomime, un petit bout de rôle, mais comme c'était joué ! J'ai bien étonné Bérard le lendemain en lui disant que c'était les Folies-Bergère que l'État devrait subventionner.

— Moi. Je ne vous demanderai pas, alors, ce que vous pensez des pièces d'Hervieu ? »

Renoir fit un geste vague.

—Moi. Je dois aller voir une comédie d'Hervieu dont on dit grand bien : *La Course du Flambeau.*

— Vous parlez de ce « cher » Hervieu, dit Franc-Lamy qui entrait dans l'atelier sur ces derniers mots.

— Moi. Vous le connaissez ?

— Franc-Lamy. Je l'ai rencontré à un thé tango, au château de la duchesse de X...

« Ces dames entouraient le maître, s'extasiant sur le vécu de ses personnages, la sincérité d'art, etc...

— « Comment faites-vous, Maître, pour connaître si à fond le cœur humain ? »

« Et l'autre : « Comment je fais ? Je vais vous
« dire mon secret. Je m'appuie sur la nature... »
On était dans la roseraie du château: si tu avais
vu ça, Renoir, ces milliers de rosiers en fleurs.
« C'est ma passion, les roses, disait la duchesse à
« Hervieu, et vous qui aimez tant la nature... »

« Quelques jours après, la duchesse aux cent
mille roses recevait, par chemin de fer, un envoi de
l'amant de la nature. Enveloppé de papier doré, un
bouquet de ces roses grossies à force, dans les labora-
toires des fleuristes et montées sur des tiges de fer...

— Moi (à Renoir). Je ne vous ai jamais entendu
parler de Sarah Bernhardt ?

— Renoir. Moi, ce que j'aime dans la femme,
c'est le charme féminin *, et si rare !... Une qui
l'avait par-dessus tout, Jeanne Granier. Celui qui
ne l'a pas vue dans *Barbe-Bleue*...

« En voilà une que j'aurais aimé peindre ! »

---

* Renoir avait vu Sarah Bernhardt dans la *Dame aux
Camélias*, et comme il détestait la pièce, l'artiste lui avait
déplu pour toujours.

XI

LES PREMIERS VOYAGES

Renoir. — Après le Salon de 1879, je fis, avec mon ami Lestringuès, un voyage en Algérie, où je restai six semaines, et d'où je rapportai les *Bananiers*, une *Vue du Jardin d'Essai*, un tableau de *Broussailles*, un *Arabe à dos de Chameau*, les *Arabes à Anes*... C'est l'*Arabe à dos de Chameau* qui m'a donné le plus de mal, tant j'avais de gens autour de moi. Mais l'Arabe ce n'est rien encore à côté du bourgeois français, en général, et du Parisien en particulier.

« Cette fois, tenez, où, peignant dans un champ voisin de Beaulieu, je fus envahi par une famille, tout juste descendue du train de Paris. L'ignorance des gens des villes pour les choses de la campagne !... Pendant que j'avais la femme et les enfants dans le dos, me donnant des conseils, le père, qui était allé un peu plus loin satisfaire un besoin, se mit à crier devant un carré d'artichauts, cette plante potagère par excellence :

— « Hé ! vous autres, arrivez par ici ; je viens de découvrir un champ d'artichauts *sauvages* ! »

« Et quant à la curiosité des passants pour le travail du peintre... jusqu'aux animaux...

« Un jour que je travaillais dans la forêt de Fontainebleau, j'entends souffler derrière moi : c'étaient des chevreuils qui, le cou tendu, me regardaient peindre.

⁎

« A mon retour d'Algérie je pris un atelier rue de Norvins (1880) ; de là, je passai rue Houdon. L'été suivant, j'allai à Guernesey, où je fis quelques tableaux de *Plages*. Quel agréable pays, quelles mœurs patriarcales ! Du moins, à l'époque où j'y étais. Tous ces protestants anglais ne se croyaient pas obligés, en villégiature, d'étaler la pudibonderie de rigueur dans leur pays. Ainsi, pour les bains, le caleçon était inconnu. Aucune de ces petites « miss » si gentilles ne s'offusquait de se baigner à côté d'un garçon tout nu. C'est ainsi que je pus faire mon étude de *Jeunes Gens nus au bain.*

« J'occupais, avec ma femme, le rez-de-chaussée, et mon ami Lauth, le deuxième étage d'une maison dont le premier et le troisième avaient été loués à un pasteur protestant de Londres. Il m'arrivait, en passant devant le premier, dont les portes étaient toujours grandes ouvertes, de voir, rangée à la file indienne, toute la famille du pasteur, à poil, y compris la bonne, une nommée Mary, et tout ce monde, qui sortait du bain, se tapait sur les fesses pour se réchauffer en chantant : *Il court, il court, le furet...* Et ça ne les gênait pas non plus de circuler tout nus dans l'escalier, pour passer du premier au troisième.

« Un jour, Lauth, qui était myope comme une taupe, voit devant lui, au tournant de l'escalier, une paire de fesses. Il donne une claque en criant :

— « Eh ! Mary ! »

« C'était le pasteur lui-même. Ce que nous avons ri !

« Quelque temps après être rentré à Paris, j'entrepris un voyage en Italie. Je me rendis d'abord à Venise, où je peignis quelques *Figures nues*, une esquisse du *Grand Canal*, une *Gondole*, le *Palais des Doges*, la *Place Saint-Marc*.

« Ma grosse surprise, à Venise, fut la découverte de Carpaccio, un peintre aux couleurs fraîches et gaies. C'est un des premiers qui ait osé faire des gens se promenant dans la rue. Je me souviens notamment d'un de ses tableaux où il y a un dragon qui semble être au bout d'une ficelle, comme une tarasque de carnaval, un de ces dragons qu'on s'attend à voir donner la patte... Et ce *Saint Georges qui baptise les Gentils*, au milieu de gens qui jouent de la grosse caisse et du trombone !... Carpaccio a dû prendre ses modèles à la foire ! J'allais oublier, de ce peintre, un paysage qui m'a énormément intéressé, car c'était tout à fait une **vue** de Provence.

« Mais si son tableau des *Deux Courtisanes*, une fort belle chose, est la reproduction fidèle des mœurs de son époque, elles ne devaient pas rigoler tous les jours, les courtisanes de ce temps-là !

« Je me suis vraiment plu à Venise. Quelle **merveille** que ce Palais des Doges ! Ce marbre blanc et rose devait être un peu froid, à l'origine : mais quel enchantement pour moi, qui l'ai vu doré par plusieurs siècles de soleil !

« Et la basilique de Saint-Marc ! Voilà qui m'a changé des froides églises italiennes de la Renaissance, et surtout de cette cathédrale de Milan dont les Italiens sont si fiers, avec son toit en **dentelle** de marbre, des bêtises, quoi !... A Saint-Marc, et dès l'entrée, on sent qu'on est dans un vrai temple ; cet air doux et tamisé et ces magnifiques mosaïques, ce grand Christ byzantin avec un cerné gris ! Impossible de soupçonner, lorsqu'on n'est pas entré dans Saint-Marc, combien c'est beau, les piliers lourds, les colonnes sans moulures !...

« Enfin, le froid me chassant de Venise, je me dirigeai vers Florence. Je connais peu d'endroits où je me sois autant embêté. Je trouvais cette ville d'un triste... Avec tous ces édifices blanc et noir, j'avais l'impression d'être devant un damier * ! Je ne fis donc, à Florence, que voir les musées, et de même à Rome. J'ai beaucoup aimé, au Vatican, l'*Héliodore chassé du Temple*, de Raphaël. Il y a là des petites flammes innocentes, qui ne brûlent rien du tout, et comme ça suffit bien ! Vous avouerai-je qu'à Florence et à Rome, au milieu de la prodigieuse variété des chefs-d'œuvre que j'ai pu voir, c'est encore la peinture de Raphaël... A Florence, notamment, vous dire l'émotion que j'éprouvai en présence de la *Vierge à la Chaise* ! J'étais allé à ce tableau pour « rigoler » : et voilà que je me trouve devant la peinture la plus libre, la plus solide, la plus merveilleusement simple et vivante qu'il soit possible d'imaginer, des bras, des jambes avec de la chair vraie et quelle touchante expression de tendresse maternelle ! Et lorsque, revenu à Paris, je parle à Huysmans de la *Vierge à la Chaise*, celui-ci de s'écrier :

— « Allons, bon ! encore un qui est pris par le bromure de Raphaël ! »

« Et cet autre, n'est-ce pas Gervex ? qui, toujours à propos de mon admiration pour Raphaël :

* Il y a à Florence une cathédrale en marbre blanc et noir. D'être passé devant, Renoir devait conserver de Florence le souvenir d'une ville comme un damier.

« Quoi ! vous allez maintenant donner dans l'art pompier ? »

« Les fresques de la Farnésine, aussi, me passionnaient. Vous savez comme la peinture à fresque m'a toujours préoccupé ; et j'avais lu, quelque part, que c'était là un premier essai de fresque à l'huile. En réalité, je n'ai pas besoin de vous dire que, peintes n'importe comment, rien n'est plus délicieux que ces fresques-là.

— Moi. Avez-vous reçu le coup de foudre devant Michel-Ange ?

— Renoir. J'aime mieux Donatello. Ses personnages sont plus variés que ceux de Michel-Ange, lequel, malgré tout son génie, a des figures un peu trop toujours pareilles. Ses muscles aussi sont trop toujours les mêmes ; il avait trop étudié l'anatomie, et, à force de craindre d'oublier le moindre muscle, il en met qui doivent quelquefois bien gêner ses personnages.

« En quittant Rome, je pris le chemin de Naples. Vous n'avez pas idée du repos que ce fut pour moi, quand j'arrivai dans cette ville toute pleine de l'art de Pompéi et des Égyptiens. Je commençais à être un peu fatigué de cette peinture italienne, toujours les mêmes draperies et les mêmes Vierges. Ce que j'aime tant chez Corot, c'est qu'il vous donne tout avec un bout d'arbre. Et, justement, c'était Corot lui-même que je retrouvais tout entier au Musée de Naples, avec cette simplicité de travail de Pompéi et des Égyptiens.

« Ces prêtresses dans leur tunique gris argent, on croirait tout à fait des nymphes de Corot. Une toile, enfin, qui m'a beaucoup frappé à Naples : le *Portrait du Pape Jules III*, du Titien. Il faut voir la tête du pape, cette barbe blanche, cette bouche terrible !...

« Pendant mon séjour à Naples, je peignis une grande toile représentant une *Femme assise avec un enfant sur les genoux*, quelques *Vues* du pays, dont un *Quai de la ville avec le Vésuve au fond*, un *Torse de femme*, que je vendis à Vevei ; il en existe une copie que je fis à Paris pour Gallimard.

— MOI. Comment avez-vous été amené à faire le portrait de Wagner ?

— RENOIR. J'étais à Naples, lorsque je reçus des lettres de wagnériens de Paris, dont Lascoux, le juge d'instruction, un de mes meilleurs amis. Ils me pressaient de faire tous mes efforts pour rapporter au moins un croquis d'après Wagner. Je me décidai à aller à Palerme, où il se trouvait alors, et, m'étant rendu à son hôtel, j'eus la chance d'y rencontrer un jeune peintre des plus aimables, un certain Jonkofsky. Celui-ci suivait Wagner dans tous ses déplacements, pour tâcher de faire son portrait, et, en attendant, lui brossait les maquettes pour ses décors. Ce Jonkofsky m'apprit que, pour le quart d'heure, Wagner ne voyait personne, très occupé à terminer l'orchestration de son *Parsifal*. J'obtins, du moins, de mon confrère, qu'il me préviendrait lorsque Wagner aurait terminé son travail. Quand je reçus le mot si attendu de Jonkofsky me disant qu'il allait me présenter à Wagner, je m'aperçus que j'avais égaré les lettres de recommandation que mes amis m'avaient fait envoyer de Paris... Je me risquai, tout de même, à me présenter les mains vides ; sauf que j'avais emporté ma boîte à couleurs. Les premières paroles de Wagner furent :

— « Je n'ai qu'une demi-heure à vous donner ! »

« Il croyait, par là, se débarrasser de moi ; mais je le pris au mot. Pendant que je travaillais, je faisais tous mes efforts pour l'intéresser, en lui parlant de Paris. Il en voulait beaucoup aux Français, et ne cachait pas son sentiment là-dessus. Je lui dis qu'il avait avec lui l'aristocratie des esprits. Il en fut très flatté :

— « Je voudrais beaucoup plaire aux Français, mais je pensais jusqu'à présent que, pour leur plaire, fallait-il faire une musique de juif allemand ! (Meyerbeer). »

« Après vingt-cinq minutes de pose, Wagner se levant brusquement :

— « C'est assez ! Je suis fatigué. »

« J'avais eu le temps de terminer mon étude,

que je vendis par la suite à Robert de Bonnières. J'en ai fait une copie qui a figuré à la vente Chéramy. Le portrait de Palerme date de 1881, l'année qui a précédé la mort du musicien.

— Moi. Et vous n'avez rencontré Wagner que cette fois ?

— Renoir. Oui, mais si je n'ai guère connu personnellement Wagner, j'ai, du moins, été très lié, avec quelques-uns des premiers « pèlerins » de Bayreuth, comme Lascoux, Chabrier, et Maître, dont je vous ai parlé.

— Moi. Et Saint-Saëns ?

— Renoir. Je ne l'ai pas connu. Il paraît qu'à un moment donné il n'y avait pas wagnérien plus fervent.

— Moi. M. Maître, précisément, racontait à Wyzewa qu'en 1876, se trouvant à Bayreuth, dans une brasserie, avec Saint-Saëns, il s'était permis d'insinuer que la *Tétralogie* avait peut-être quelques longueurs... Saint-Saëns, en entendant cette critique si anodine, brisa son verre sur la table et quitta la salle...

— Renoir. En tout cas, pour le quart d'heure, Saint-Saëns a l'air de « débiner » fortement son ancien patron. On m'a lu un article de lui dans un journal de Nice...

— Moi. J'ai rencontré chez Wyzewa le directeur d'une revue musicale, un M. Ecorcheville, si je ne me trompe, lequel tenait d'un ami de Saint-Saëns le récit de la brouille survenue entre celui-ci et Wagner.

« La scène se passait également à Bayreuth, mais, cette fois, dans la maison de Wagner, où la frénésie du culte de Saint-Saëns pour le musicien allemand lui avait valu d'avoir ses entrées. Un soir, Madame Wagner ayant demandé à l'élève français de jouer quelque chose, sur le piano du grand salon, de Wahnfried, Saint-Saëns attaqua sa *Marche funèbre écrite en l'honneur d'Henri Regnault*. Sur quoi Wagner, par malice amicale, — ou peut-être innocemment, — de s'écrier :

— « Ah ! une valse parisienne ! »

« Et prenant par la taille une des dames de l'assistance, il s'était mis à tourner autour du piano !...

« Mais, vous-même, monsieur Renoir, je ne vous ai pas demandé si vous étiez très emballé sur Wagner ?

— RENOIR. J'ai beaucoup aimé Wagner. Je m'étais laissé prendre à cette espèce de fluide passionné que je trouvais dans sa musique ; mais, un jour, un ami m'a conduit à Bayreuth, et dois-je dire que je me suis royalement rasé ? Les cris des walkyries, c'est très bien pour commencer, mais, si cela doit durer six heures de suite, c'est à devenir fou, et je me souviendrai toujours du scandale que je causai quand, dans l'excès de mon énervement, je fis craquer une allumette avant d'être sorti de la salle.

« Je préfère décidément la musique italienne ; c'est moins « pion » que la musique allemande. Beethoven lui-même a parfois un côté « professeur » qui m'horripile. Et, encore, rien ne vaut un petit air de Couperin ou de Grétry, n'importe quoi, de la vieille musique française. Voilà qui est bien « dessiné » !

« Je ne fis donc pas long feu à Bayreuth. Au bout de trois jours, j'en avais par-dessus la tête, et j'éprouvais le besoin de m'offrir en dédommagement quelque chose d'un peu « chouette ». Si bien qu'un beau matin, je pris le train pour Dresde où, depuis longtemps, je désirais voir le grand tableau de Vermeer de Delft, *La Courtisane*. Malgré son titre, c'est une femme qui a l'air de la plus honnête des créatures. Elle est entourée de jeunes gens dont l'un lui met la main sur la poitrine, pour qu'on voie bien que c'est une courtisane, une main pleine de jeunesse et de couleur, qui se détache sur un corsage jaune citron, d'une puissance...

« Il existe un autre Vermeer qui a une renommée énorme : *Le Peintre dans son Atelier*, à Vienne. J'aurais tant aimé voir ça !... C'est comme Athènes : toute ma vie, j'ai rêvé d'y aller... Mais, pour en revenir à Dresde, ils ont aussi au Musée un Watteau avec un paysage épatant... Quant aux monuments, Dresde est plutôt pauvre, à part l'église catholique et le Musée, deux édifices d'un rococo tout à fait charmant.

— Moi. Avec votre peu de patience pour les longs morceaux de musique, vous ne devez pas être un fervent de l'Opéra ?

— Renoir. Le fait est que l'on aurait de la peine à me regarder comme un habitué de cette maison. Je n'y ai mis les pieds que deux ou trois fois dans ma vie, et toujours entraîné par des amis. C'est ainsi que, tout récemment, on m'a emmené voir les ballets russes. C'est pas mal, mais l'Opéra devrait bien renouveler son personnel de femmes : on retrouve dans la salle toutes celles d'il y a trente ans.

— Moi. Monsieur Renoir, vous en étiez resté, de vos voyages, à ce séjour en Italie où vous avez fait le portrait de Wagner...

— Renoir. En revenant d'Italie, j'allai en Provence. Je proposai à Cézanne, que j'y trouvai, de venir peindre avec moi à l'Estaque.

— « Oh ! n'y allez pas ! se récria Cézanne, qui en revenait. L'Estaque n'existe plus ! On a mis des parapets ! Je ne peux pas voir ça. »

« J'y allai cependant, un peu attristé à la pensée de tout ce dégât ; mais j'eus la joie de retrouver mon ancien Estaque, et même si je n'avais pas été prévenu par Cézanne, je ne me serais aperçu de rien, car les fameux « parapets », c'étaient quelques pierres posées les unes sur les autres.

« C'est de ce voyage à l'Estaque que j'ai rapporté une magnifique aquarelle de Cézanne, les *Baigneurs* que vous voyez là, au mur !... J'étais, ce jour-là, avec mon ami Lauth, quand il lui prend une terrible colique. Il me dit :

— « Tu ne vois pas des branches d'arbres, autres que des pins ?

— « Chouette ! du papier ! » que je m'écrie. C'était la plus belle des aquarelles que Cézanne avait abandonnée dans les rochers après avoir bûché dessus vingt séances !

« Cependant, comme rien n'est plus traître que le climat du Midi, je pinçai à l'Estaque une fluxion de poitrine, ce qui me décida à faire un second voyage en Algérie. Je fis là un portrait, grandeur nature, d'une jeune fille, *Mademoiselle Fleury*, habillée en Algérienne, dans un décor de maison arabe, et tenant un oiseau, des *Femmes d'Alger*, un petit *Porteur arabe de Biskra*, des *Mosquées*, et une *Fantasia*. Lorsque je livrai cette dernière toile à Durand-Ruel, elle avait l'air d'un tas de plâtras. Durand-Ruel me fit confiance et, quelques années après, le travail de la couleur s'étant fait, le sujet sortit de la toile tel que je l'avais conçu.

« Voilà les principaux voyages que j'ai faits à

un moment où j'avais encore mes jambes bien au complet, et où le voyage signifiait pour moi la possibilité de loger dans des auberges vraiment « indigènes », de passer des journées à me balader dans la campagne...

« Plus tard, j'ai visité d'autres pays, entre autres l'Espagne, la Hollande et l'Allemagne. Tout dernièrement encore, je suis allé à Munich : mais, cette fois, je ne pouvais plus que me faire porter dans les musées... »

Ah ! si j'avais rencontré le docteur Gautiez * avant d'être complètement pris. Vous avez vu cette dame qui ne pouvait pas faire un pas sans se tordre la cheville et qu'il a guérie simplement en lui montrant comment il faut poser son pied par terre. Et quand je disais à un très grand médecin : « Ce docteur Gautiez... »

— « Oui... mais il guérit sans opérer. Ce n'est que de l'empirisme ! »

* *Le docteur Henri Gautiez.* Les Bernheim Jeune l'avaient amené un jour à l'atelier. Il y avait déjà plusieurs années que Renoir n'avait pas quitté son fauteuil. Le Dr Gautiez arriva à lui faire faire quelques pas sans aide. Et comme le médecin disait qu'avec des exercices chaque jour, et en concentrant toute sa volonté...

« Mais, interrompit le peintre, et ma peinture ?...

Et Renoir se rassit dans son fauteuil qu'il ne devait plus quitter. »

XII

LES THÉORIES « IMPRESSIONNISTES »

Je désirais savoir ce que Renoir pensait des théories « impressionnistes » ; mais comme j'étais certain que si je lui avais posé la question sous cette forme, il m'aurait répondu sans plus : « Vous m'embêtez ! » je m'avisai de lire ce que les critiques d'art moderne avaient écrit sur ce sujet, et, prenant à mon compte celles de leurs affirmations qui m'avaient le plus vivement frappé, un jour que j'étais chez Renoir :

« Quelle chance, lui disais-je, ont les peintres modernes, toutes ces couleurs que les anciens ne soupçonnaient pas !

— RENOIR. Heureux anciens, qui ne savaient se servir que des ocres et des bruns ! Ah ! il est joli le progrès !

— Moi. Du moins, ne pourrez-vous pas nier qu'il y a eu progrès véritable dans la manière dont l'impressionnisme a abandonné l'usage des « tons à plat, qui alourdissent la transparence » !...

— RENOIR. Où avez-vous vu que les tons à plat alourdissent la transparence ? Ce sont là encore des idées du père Tanguy, qui croyait que, pour être moderne, il fallait peindre « épais » !

Je fus d'abord tenté de répondre que j'avais lu cela dans un ouvrage de critique d'avant-garde * ; mais je jugeai plus prudent de laisser tomber le sujet, et continuant ma ruse innocente :

« Ainsi donc, la seule nouveauté de l'impressionnisme en fait de technique serait la suppression du noir, cette non-couleur ** ? »

Renoir eut un sursaut :

« Le noir, une non-couleur ? Où avez-vous encore pris cela ? Le noir, mais c'est la reine des couleurs ! Tenez, voyez donc là cette *Vie des Peintres*. Cherchez Tintoret... Passez-moi le livre ! »

Et Renoir lut : « Un jour qu'on demandait à « Tintoret quelle était la plus belle des couleurs, il « répondit : *La plus belle des couleurs c'est le noir !... »

— MOI. Comment, vous prônez le noir, vous qui avez « remplacé le noir d'ivoire par le bleu de Prusse *** » ?...

* Georges Lecomte, *L'Art Impressionniste*, Chamerot et Renouard, Paris, 1892, page 22.
** Georges Lecomte, *L'Art Impressionniste*, page 16.
*** Camille Mauclair, *L'Impressionnisme*, Librairie de l'Art Ancien et Moderne, Paris, 1904, page 117.

— RENOIR. Qui vous a dit cela ? J'ai toujours eu en horreur le bleu de Prusse. J'ai bien essayé de remplacer le noir par un mélange de rouge et de bleu, mais j'employais alors le bleu de cobalt, ou le bleu d'outremer, pour revenir, en fin de compte, au noir d'ivoire. »

Je n'avais décidément pas de chance avec mes citations. Je songeai que mes informateurs, n'étant pas peintres, pouvaient être ignorants des questions de technique, mais que leurs qualités professionnelles de critiques, du moins, leur garantissaient une haute compétence sur d'autres points, comme, par exemple, les influences des artistes les uns sur les autres. Ce fut sur ce terrain que je transportai la naïve embûche de mes citations. J'amenai insensiblement l'entretien sur Monet, et, de mon accent le plus convaincu, je demandai à Renoir si Watteau, dans son *Embarquement pour Cythère*, n'avait pas déjà pressenti la manière de Monet « avec sa division des tonalités par des couches de couleurs juxtaposées, reconstituant à distance sur l'œil du spectateur la coloration véritable des choses peintes * »...

— RENOIR. Je vous en prie, assez ! Je me souviens d'avoir déjà entendu quelque chose d'appro-

---

* Camille Mauclair, *L'Impressionnisme*, page 16. Voir aussi Georges Lecomte, *L'Art Impressionniste*, page 23.

chant... Vous n'avez donc jamais regardé l'*Embarquement pour Cythère* ? On peut prendre une loupe, il n'y a là que des tons mélangés !

— Moi. Ainsi donc, c'est uniquement Turner, dans sa période « lumineuse », qui, avant Monet, aurait adopté les « couleurs du prisme » ?

— Renoir. Turner ?... Vous appelez cela « lumineux », vous ? Ces couleurs toutes pareilles à celles dont les confiseurs se servent pour colorer leurs nougats et leurs acidulés !... C'est bien la même chose, allez ! que lorsqu'il peignait avec son chocolat !

— Moi (continuant à déballer mes réminiscences). Mais Claude Monet et Pissarro ne se firent-ils pas les « prosélytes » de Turner ?

— Renoir. Pissarro est un homme qui a essayé de tout, même du petit point, qu'il a d'ailleurs lâché comme le reste ; et pour ce qui est de Monet... Qui donc m'a rapporté l'avoir entendu dire au retour d'un de ses voyages de Londres : « Ce Turner « commence à m'embêter » ? La seule influence, au reste, que Monet ait ressentie... Jongkind, voyons ! qui lui a servi de point de départ. Aussi bien, pour ce qui est des influences en peinture, je vais vous citer un trait personnel. Dans les commencements, je mettais des épaisseurs de vert et de jaune, croyant avoir par là plus de « valeurs ». Un jour, au Louvre, je m'aperçois que Rubens, avec un simple frottis, avait obtenu davantage que moi avec toutes mes épaisseurs. Une autre fois, je découvre qu'avec du noir Rubens donnait de l'argent. Il va de soi que, les deux fois, j'ai profité de la leçon, mais cela veut-il dire que j'aie subi l'influence de Rubens ? »

Je commençais à me demander si toutes ces choses qui m'avaient tant émerveillé n'étaient pas simplement de la « littérature ». Je tentai une dernière épreuve :

« En tout cas, pour ce qui est de peindre « au hasard de la sensation éprouvée et avec la puissante clairvoyance de l'instinct [*] », qui mieux que les impressionnistes...

— RENOIR (m'interrompant). Hasard de la sensation, puissance de l'instinct, comme les bêtes, quoi ! Tenez, ceux-là aussi qui nous félicitaient d'avoir su donner à nos modèles des poses expressives [**]. Ils ignoraient, ces braves gens, que Cézanne appelait ses compositions des « souvenirs de musées » ; pour moi, mon souci a été toujours de peindre

---

[*] Georges Lecomte, *L'Art Impressionniste*, page 22.
[**] « Il (Renoir) rendit les souplesses câlines de la femme, le charme inquiétant de ses regards obliques, les espiègleries de son sourire, ses moues, sa félinité, ses grâces minaudières. Oh ! les longs regards de velours si narquois, les petits nez spirituels et fripons, ces lèvres que le rire fou distend... Avec de telles qualités M. Renoir devait peindre des portraits d'une expression éloquente reflétant l'intellectua-

des êtres tels de beaux fruits, et le plus grand
des peintres modernes, Corot, voyez si ses femmes sont des « penseuses » ? Mais si vous allez
dire à tout ce monde-là que la chose la plus
importante pour le peintre est de savoir quelles
sont les couleurs qui durent, comme pour le
maçon* de savoir quel est le meilleur mortier...
Et ces premiers « ouvriers » de l'impressionnisme travaillaient sans jamais songer à la
vente ! C'est la seule chose que ceux qui nous
suivent oublient de copier sur nous. »

lité... » (G. Lecomte, *L'Art Impressionniste*, pages 142, 143).

M. Camille Mauclair arrive à une constatation diffé-
rente devant l'œuvre de Renoir : « Son type de femme sans
aucune cérébralité n'invite pas le regard à chercher une
pensée dans le visage : l'animal heureux a bien la tête qui
lui sied, des yeux inconscients, les signes de la brute
douce... » *(L'Impressionnisme*, page 124).

M. Mauclair trouve une excuse à ce manque d' « intellectualité » : « L'impressionnisme a dépensé la moitié de ses
forces à prouver à ses adversaires qu'ils erraient et l'autre
moitié à inventer des procédés techniques. Il n'est pas
étonnant qu'il ait manqué de profondeur intellectuelle... »
(L'Impressionnisme, page 203). M. Mauclair ne déplore pas
moins de voir des « symphonies de couleurs magnifiques
dépensées pour exprimer des canotiers ou un coin de café... »

— « Nous en sommes venus à un degré d'intellectualité
complexe qui ne se satisfait plus de ces thèmes rudimen-
taires » *(L'Impressionnisme*, page 207).

* M. Mauclair n'approuve pas cette tendance de l'impressionniste « à faire du peintre avant tout un ouvrier » *(Défauts
de l'Impressionniste*, page 107).

Je voyais sur la table un petit livre qui n'était pas encore coupé : *Les règles de l'impressionnisme, d'après les Maîtres de la critique.*

— RENOIR. Toujours la rage de vouloir vous imposer un ensemble immuable de formules et de procédés. Il faudrait, pour leur faire plaisir, que nous eussions tous la même palette, le socialisme en art, quoi ! La peinture en vingt-cinq leçons !... »

Je m'étais mis à feuilleter *Les règles de l'impressionnisme* et je lisais à haute voix : « Manet mourut « avant d'avoir pu mettre à profit tout le pouvoir « lumineux de la division du ton *... »

— RENOIR. En voilà un veinard, ce Manet, d'être mort à temps !

— MOI (continuant). « La plupart d'entre eux « (les impressionnistes), artistes exceptionnellement « doués, eussent certainement laissé de glorieuses « œuvres, même s'ils s'en étaient tenus aux mé- « thodes traditionnelles **... »

— RENOIR (me faisant taire de la main). Mais c'est précisément lorsque j'ai pu me débarrasser de l'impressionnisme et revenir à l'enseignement des Musées...

— MOI. Ainsi, le plus clair des « théories impres-

* Georges Lecomte, *L'Art Impressionniste*, page 27.
** Georges Lecomte, *L'Art Impressionniste*, page 24.

sionnistes », c'est la littérature « mettant le grappin » sur la peinture ; mais vous ne pourrez pas nier le profit que certains peintres ont tiré des travaux de Chevreul sur le spectre solaire. Est-ce que les néo-impressionnistes qui ont appliqué de telles données scientifiques...

— RENOIR. Les quoi ?...

— MOI. Vous savez bien, ces tableaux avec des tons purs juxtaposés...

— RENOIR. Ah ! oui, la peinture au petit point. Mirbeau m'a emmené un jour à une exposition de ça... Mais, le plus fort ! on vous prévenait dès l'entrée que pour comprendre ce que représentait la toile, encore fallait-il se mettre à une distance de deux mètres cinquante. Et moi qui aime tourner autour d'un tableau, le prendre en main ! Et puis, ce qui est bien autrement grave, comme tout ça a noirci ! Vous vous rappelez le grand tableau de Seurat, des *Modèles dans un atelier*, que nous avons vu ensemble, une toile peinte au petit point, le dernier mot de la science, quoi ! Le ton lamentable de ça !... Et celui-là qui disait à côté de moi :

— « Qu'importe ce que c'est devenu, pourvu que nous en ayons joui au moment où la toile a été peinte ! »

« Non, mais voyez-vous la *Cène* de Véronèse exécutée au petit point ?

« Et quand Seurat se servait de la couleur, comme

tout le monde ! Tous ces bouts de toile peints sans prétention, sans « tons purs » et qui se sont si bien conservés !

« La vérité est que, dans la peinture comme dans les autres arts, il n'y a pas un seul procédé, si petit soit-il, qui s'accommode d'être mis en formule. Tenez ! j'ai voulu doser, une fois pour toutes, l'huile que je mets dans ma couleur : eh bien ! je n'ai pas pu y arriver. Je dois, à chaque fois, mettre mon huile au jugé ! On croit en savoir long quand on a appris, des « scientifiques », que ce sont les oppositions de jaune et de bleu qui provoquent les ombres violettes, mais, quand vous savez cela, vous ignorez tout encore. Il y a, dans la peinture, quelque chose de plus, qui ne s'explique pas, qui est l'essentiel. Vous arrivez devant la nature avec des théories, la nature flanque tout par terre... »

On avait sonné à la porte : « Monsieur Renoir est-il chez lui ? »

Je m'étais levé.

— RENOIR. Vous pouvez rester, je reconnais la voix de Z...

« Vous savez que c'est le seul aux Beaux-Arts qui aime ce que nous faisons, à part, bien entendu, Roger Marx. »

Je ne manquai pas de féliciter M. Z... du courage

avec lequel il « bataillait » pour l'art moderne, risquant, à chaque coup, sa belle « position » de Sous-Inspecteur Principal à la rue de Valois.

Alors Z... :

« Vous voyez un homme qui n'a pas perdu sa journée. Je viens encore, passant pardessus la tête de mon Ministère, d'obtenir du « Commerce » la promesse formelle de la « rosette » pour Ernest Laurent, un de nos meilleurs vulgarisateurs de l'art impressionniste avec son « plein air d'appartement ».

Quand M. Z... eut quitté l'atelier :

— Moi. Le plein air d'appartement...

— Renoir. Et la vulgarisation de l'art !... Ce serait à vous faire lâcher tout... Heureusement qu'aucune sottise au monde ne dégoûtera un peintre de peindre.

XIII

LA MANIÈRE « AIGRE » DE RENOIR

Renoir. — Je voulais vous dire l'autre fois, quand Z... est arrivé, que, vers 1883, il s'était fait comme une cassure dans mon œuvre. J'étais allé jusqu'au bout de « l'impressionnisme », et j'arrivais à cette constatation que je ne savais ni peindre, ni dessiner. En un mot, j'étais dans une impasse.

— Moi. Mais tous ces effets de lumière que vous avez si bien rendus ?...

— Renoir. Oui, jusqu'au moment où je m'aperçus que cela faisait une peinture compliquée avec laquelle il fallait tricher tout le temps.

« Dehors, on a une variété de lumière plus grande que la lumière de l'atelier, toujours la même, mais, précisément, dehors, vous êtes pris par la lumière ; vous n'avez pas le temps de vous occuper de la composition, et puis, dehors, on ne voit pas ce qu'on fait. Je me rappelle, un jour, le reflet d'un mur blanc sur ma toile : j'avais beau monter de ton, tout ce que je mettais était trop clair ; mais, rentré dans l'atelier, c'était tout noir.

« Cette fois, encore, où je peignais en Bretagne, sous un dôme de châtaigniers, à l'automne. Tout ce que je posais sur ma toile, noir ou bleu, était magnifique. Mais c'était la transparence dorée des arbres qui faisait ma toile ; une fois dans mon atelier, avec un éclairage normal, cela devenait un pur navet !

« De plus, comme je viens de vous dire, en peignant directement devant la nature, le peintre en arrive à ne plus chercher que l'effet, à ne plus composer, et il tombe vite dans la monotonie. Je disais un jour à un de mes amis, qui exposait toute une série de *Rues de Village* :

— « Mais pourquoi donc avez-vous peint des rues désertes ?

— « C'est que, me répondit-il, il ne passait personne aux heures où je travaillais ! »

— Moi. Corot, toute sa vie, n'a-t-il pas peint en plein air ?

— Renoir. Ses études, oui, mais ses compositions étaient faites à l'atelier. Et puis Corot pouvait faire tout ce qu'il voulait, il était encore de l'ancien temps ; il corrigeait la nature... Ils étaient tous là à répéter que Corot avait tort de retaper ses études à l'atelier. J'eus le bonheur de me trouver, un jour, en présence de Corot ; je lui parle de la difficulté que j'avais à travailler dehors : « C'est que, me « répondit-il, dehors, on ne peut jamais être sûr

« de ce que l'on fait. Il faut toujours repasser par
« l'atelier. » Et cela n'a pas empêché Corot de rendre
la nature avec une réalité qu'aucun « impressionniste » n'a jamais su atteindre ! Ces tons de pierre
de la cathédrale de Chaitres, ces briques rouges des
maisons de la Rochelle, ce que j'ai peiné à essayer
de rendre ça comme il le rendait, lui !

— MOI. Ces mêmes effets de la lumière n'avaient-
ils pas déjà préoccupé les anciens ? J'ai lu, dans
Duranty, je crois, que les Vénitiens, notamment,
les avaient entrevus ?

— RENOIR. « Entrevu » est un chef-d'œuvre ! Allez
donc voir les Titien du Musée de Madrid ! Et
même, sans aller jusqu'au Titien, en prenant l'un
des peintres réputés les plus « noirs », Ribera, eh
bien ! rappelez-vous son *Enfant Jésus*, au Louvre,
cet enfant rose, et le jaune de cette paille : connais-
sez-vous rien de plus lumineux ?

— MOI. Si vous voulez me permettre un dernier
mot : J'ai lu quelque part que, « lorsqu'on observe
« les tableaux des musées, chez ceux-là même qui
« ont le plus la science de l'établissement des ter-
« rains, des fuites de perspectives, des rencontres
« de nuages, du dessin des choses, des jeux de la
« lumière, on observe une convention, ou, plutôt,
« un non-savoir qui produit un assombrissement de
« la nature. Chez Ruysdaël, chez Hobbema, notam-
« ment, le feuillage persillé, métallisé, n'est-il

« pas couleur d'encre ? le soleil n'est-il pas éteint ? »

— Renoir. Oui, mais, chez d'autres, le feuillage n'est pas couleur d'encre, le soleil n'est pas éteint ; et cela, bien avant Ruysdaël. Votre auteur choisit mal ses exemples. En Italie, qui est un pays chaud, la nature ne sent pas le renfermé. Dans les *Noces de Cana*, dans les *Nus* du Titien, il y a une lumière autrement chouette que dans aucun tableau moderne...

— Moi. Mais quand il s'agit de paysages en plein air ?

— Renoir. Regardez donc la *Villa d'Este* de Vélasquez, ou le *Concert champêtre* de Giorgione, pour ne parler que de ces deux tableaux... Et même, si, quittant les pays du soleil, vous retournez dans la triste Hollande, éprouverez-vous le besoin, devant un Rembrandt, de vous demander s'il a été peint dehors ou dans l'atelier ?

« Pour en finir avec ce qu'on a appelé les « découvertes » des impressionnistes, les anciens ne pouvaient pas les ignorer, et, s'ils ont laissé ça de côté, c'est que tous les grands artistes ont renoncé aux effets. Et en faisant la nature plus simple, ils l'ont rendue plus grande. Devant la nature, on est « épaté » par le spectacle du soleil couchant ; mais, si cet effet était éternel, il fatiguerait, tandis que, là où il n'y a pas d'effet, cela ne fatigue pas. C'est ainsi que les sculpteurs anciens ont mis dans leurs œuvres le moins possible de mouvements. Mais si leurs statues ne font pas de mouvements, on a la sensation qu'elles pourraient en faire. Quand on voit le *David* de Mercié, qui met son sabre au fourreau, on a envie de l'aider à le mettre : tandis que, chez les anciens, le sabre est au fourreau, mais on sent qu'il peut en sortir ! »

*
* *

Je regardais un *nu* commencé, sur le chevalet.

« A vous entendre, monsieur Renoir, il n'y a que le noir d'ivoire qui compte, mais comment faire croire que c'est avec de la « boue » que vous avez peint de pareilles chairs !...

— RENOIR. Sans me comparer à Delacroix... ce mot qu'on rapporte de lui : « Donnez-moi de « la boue, j'en ferai de la chair de femme ! »

— MOI. Mais ne sous-entendait-il pas, comme le font observer des critiques : en y ajoutant des complémentaires ?

— RENOIR. Ne faites pas dire à Delacroix ce à quoi il n'a jamais songé ! S'il parle de complémentaires, c'est évidemment quand il fait des recherches pour un plafond qui doit forcément être vu de loin. Alors, oui, on pourra raisonnablement parler de couleurs devant se mélanger sur l'œil du spectateur. En tout cas, le seul souvenir que, moi, j'ai gardé du journal de Delacroix, c'est qu'il parle tout le temps du brun rouge... Delacroix, mais à la seule idée de passer pour un novateur !... Tenez, pendant qu'il peignait le plafond de la Chambre des Députés, un employé de la bibliothèque voulant lui faire un compliment :

— « Maître, vous êtes le Victor Hugo de la peinture. »

« Sur quoi Delacroix, d'un ton sec :

— « Vous n'entendez rien à la peinture, mon ami ! Je suis un pur classique. »

— Moi. Saviez-vous que cette méfiance de Delacroix pour les « nouveautés » en art allait jusqu'à la musique ? Guillemet me racontait qu'un jour en causant avec Corot :

— « Papa Corot, demandait Guillemet, que pensez-vous de Delacroix ? »

« Et Corot :

— « Delacroix, voilà un énorme artiste ! C'est le plus fort ! Mais il y a une chose sur laquelle nous n'avons jamais pu nous entendre... la musique. Il n'aimait pas la musique de Berlioz, la musique des révolutionnaires comme il disait, et ça, je le regrette beaucoup pour lui. »

— Renoir. Je vous ai parlé de ma grande découverte, vers 1883, que seul vaut pour un peintre l'enseignement des musées. J'avais fait cette découverte en lisant un petit livre trouvé par Franc-Lamy, dans une boîte, sur les quais, le livre de Cennino-Cennini, qui donne de si précieuses indications sur la façon de procéder des peintres du xvᵉ siècle.

« Il arrive toujours qu'on passe pour un fou, si on lâche une manière à laquelle le public est habitué ; aussi, mes meilleurs amis me plaignaient-ils à qui mieux mieux : « Après ces jolies couleurs, ces cou-« leurs plombées !... »

« J'avais entrepris un grand tableau, des *Baigneuses*, sur lequel je restai à patauger pendant trois ans... De cette époque, date aussi le portrait de *Mademoiselle Manet avec son chat dans les bras* ; on disait devant cette toile :

— « Quel gâchis de couleurs ! »

« Je dois avouer, par contre, que certaines de mes peintures de ce temps ne sont pas très solides, parce que, tout entier à mes recherches de fresques, j'avais imaginé d'enlever l'huile de la couleur. La couleur devenait alors trop sèche, et les couches successives de peinture adhéraient mal. Je ne savais pas encore, à ce moment-là, cette vérité élémentaire que la peinture à l'huile doit être faite avec de l'huile. Et, bien entendu, aucun de ceux qui avaient établi les règles de la peinture « nouvelle » n'avait songé à nous donner ce tuyau précieux. Ce qui me poussait, encore, à ôter l'huile de ma couleur, c'est que j'étais également préoccupé de trouver un moyen d'empêcher la couleur de noircir ; mais je devais découvrir plus tard que c'est précisément l'huile qui empêche la couleur de noircir ; seulement, il faut savoir manier l'huile.

« Je fis aussi, à cette époque, des peintures sur ciment, mais sans pouvoir davantage dérober aux anciens le secret de leurs inimitables fresques. Je me rappelle encore certaines toiles où les moindres détails ont été préalablement dessinés à la plume avant d'être peints, des choses d'une extraordinaire sécheresse, tant je cherchais à être précis, toujours par haine de l'impressionnisme.

« Lorsque les *Baigneuses*, que je considérais comme mon œuvre maîtresse, furent terminées, après trois années de tâtonnements et de recommencements, je les envoyai à une exposition chez Georges Petit (1886). Quelles « engueulades » je reçus ! Cette fois, tout le monde, Huysmans en tête, était d'accord pour décider que j'étais un homme à la mer ; quelques-uns même me traitaient de paresseux. Et Dieu sait combien je trimais !..

« Mais, à propos de l'exposition de 1886 chez Petit, il faut que je vous signale un article de Wyzewa qui, alors, rendait compte des livres dans la *Revue Indépendante*. Ce jour-là, il délaissa les livres pour parler peinture, et écrivit sur mon exposition des choses qui me furent d'un grand réconfort. Je fis, à cette occasion, la connaissance de Wyzewa, et, par son intermédiaire, Robert de Bonnières devait, plus tard, me commander le portrait de sa femme. Par exemple, je ne me souviens pas d'avoir jamais fait de toile qui m'ait plus embêté ! Vous savez si j'aime peindre une peau qui ne prend pas la lumière ! Par surcroît, la mode, à ce moment-là, pour les femmes, était d'être pâles. Et Madame de Bonnières était, bien entendu, d'une pâleur de cire. Je me disais toujours : « Si elle pouvait seulement, une fois, se « coller un bon beefsteak ! » Mais va te faire fiche ! Je travaillais le matin jusqu'au déjeuner ; j'avais ainsi l'occasion de voir ce qu'on apportait à manger à mon modèle : une toute petite affaire dans le fond d'une assiette... Vous pensez si c'était fait pour donner du rouge à la peau. Et les mains ! Madame de Bonnières les mettait dans l'eau, avant la séance, pour en accentuer la blancheur. Sans Wyzewa, qui passait son temps à me remonter, j'aurais jeté par la fenêtre les tubes, les pinceaux, ma boîte à couleurs, la toile, tout le diable et son train. Voyez ! Je tombe sur une des femmes les plus charmantes qui soient, eh bien, elle ne veut pas avoir des couleurs aux joues ! Mais quand je disais que je ne connais pas de portrait qui m'ait fait plus enrager, j'oubliais celui que je fis de Madame C..., une belle fille dont le mari tenait une auberge dans les environs de Paris.

— Moi. Vous aviez chance, pourtant, de trouver là un modèle avec des mains qui sentent le travail, comme vous aimez tant les peindre ?

— Renoir. Oui, sans doute ; mais il y avait autre chose que je ne trouvais pas. Ce n'était pas une de ces figures qui ne pensent à rien comme on pouvait s'attendre à rencontrer chez une aubergiste. Celle-là avait l'air de porter dans sa tête un monde de pensées. Je finis un jour, plus impatienté que d'ordinaire, par m'écrier :

— « Mais, N. de D. ! qu'est-ce qu'il y a derrière ce front ?

— « Hé ! Monsieur, vous êtes bon, vous ! Je pense que, pendant que je suis là à rien faire, il y a peut-être le navarin qui est en train de brûler ! »

XIV

LE VOYAGE EN ESPAGNE

RENOIR. — Après avoir terminé le portrait de Madame de Bonnières, je fis, avec mon ami Gallimard, un voyage en Espagne. Il y avait trop longtemps que je voulais voir le musée de Madrid ! Mais quel pays que l'Espagne ! Pendant tout un mois que j'ai passé là, je n'ai pas vu une seule jolie femme ; et cette absence totale de végétation ! Les Espagnols, n'ont pourtant pas, la République chez eux !... ce délicieux régime qui a aboli le droit d'aînesse, et où l'on partage le moindre morceau de terre entre autant d'enfants qui succèdent aux parents, de sorte qu'avant qu'il soit longtemps, il n'y aura plus en France ni un arbre dans les champs, ni un poisson dans la rivière, ni un oiseau dans l'air.

— MOI. Et les fameuses danses espagnoles ?

— RENOIR. J'en ai bien vu à Séville, mais, comme ce n'était plus la mode, il m'a fallu aller

dans les plus sales quartiers de la banlieue, et quels
monstres de femmes ! Et les cigarières, tant vantées
par les hommes de lettres, de vraies horreurs !
J'aurais quitté l'Espagne le jour même de ma
venue, s'il n'y avait pas eu le musée de Madrid.
Ah ! les Vélasquez !

— Moi. Et les Greco ?

— Renoir. J'ai reçu, un jour, la visite d'un
peintre espagnol qui a dit comme vous. Pour
lui faire honneur, et aussi pour avoir le plaisir
de parler d'un peintre que j'aime par-dessus
tout, j'avais prononcé le nom de Vélasquez. Mon
visiteur riposta aussitôt et sur un ton presque
agressif :

— « Et le Greco ? »

« C'est chose banale de dire que le Greco est un
très grand peintre, à part peut-être l'éclairage
d'atelier, des mains toujours les mêmes, des draperies faites de chic... A cause de cela, et aussi
par nature, je préfère Vélasquez. Ce que j'aime
tant, dans ce peintre, cette aristocratie qu'on
retrouve toujours, dans le moindre détail, dans un
simple ruban... Le petit ruban rose de l'Infante
Marguerite, tout l'art de la peinture est là dedans !
Et les yeux, la chair près des yeux, quelles jolies
choses ! Pas l'ombre de sentiment, de sensi-
blerie !

« Je n'ignore pas que les critiques d'art font

à Vélasquez le reproche de peindre trop aisément.
Quelle meilleure preuve au contraire que Vélasquez était un peintre qui possédait à fond son
métier ! Ceux-là seuls qui connaissent leur métier
peuvent donner l'impression que c'est fait du
coup. Mais, pour parler raisonnablement, quelle
recherche dans cette peinture si aisée en apparence ! Et puis, comme il savait se servir du
noir, celui-là ! Plus je vais, plus j'aime le noir.
Vous vous échauffez à chercher, vous mettez
une petite pointe de noir d'ivoire : ah ! que c'est
beau !

— Moi. A propos du noir d'ivoire, il y a trente
ans de cela, Émile Bernard suivait les cours de
Cormon * à l'École des Beaux-Arts : « Com-
« ment, vous n'avez pas de noir d'ivoire sur votre
« palette ! s'exclama le maître. Vous voulez faire
« votre noir avec votre bleu et votre rouge ? Je
« ne puis vous garder chez moi, car vous seriez
« un dissolvant pour vos camarades. »

« Mais ne voilà-t-il pas que, dernièrement, un
jeune peintre, qui avait pris ses premières leçons
d'Émile Bernard, — lequel, dans l'intervalle, avait
appris de Cézanne à changer d'avis sur le noir
d'ivoire, — alla suivre le cours du même Cormon.

* Cormon (Fernand), peintre français né en 1845. Il
possède une remarquable puissance de coloris. (Dict. La-
rousse.)

Celui-ci, au milieu de son inspection, s'arrêtant derrière le nouveau venu :

— « Qu'est-ce encore, cette saleté que vous avez là sur votre palette ? D'où sortez-vous donc, pour ignorer que le noir d'ivoire est une non-couleur... et qu'il est prouvé aujourd'hui qu'on doit faire son noir avec du rouge et du bleu ?... »

« Mais vous en étiez à vos souvenirs du musée de Madrid, monsieur Renoir. Quels sont les Vélasquez que vous avez le plus aimés ?

— RENOIR. Ma foi, je serais bien en peine de faire un choix parmi tant de merveilles ! L'exécution de ces peintures, c'est divin ! Avec un frottis de noir et de blanc, Vélasquez trouve moyen de nous donner des broderies épaisses et lourdes... Et les *Fileuses* ! Je ne connais rien de plus beau. Il y a là un fond, c'est de l'or et des diamants !

« N'est-ce pas Charles Blanc qui disait que Vélasquez était trop terre-à-terre ? Toujours ce besoin de chercher de la pensée dans la peinture ! Moi, devant un chef-d'œuvre, je me contente de jouir. Ce sont les professeurs qui ont découvert dans les maîtres des défauts. Mais ces défauts même peuvent être nécessaires. Dans le *Saint Michel* de Raphaël, il y a une cuisse d'un kilomètre de long ! Cela serait peut-être moins bon, autrement. Et Michel-Ange lui-même, l'anatomiste par excellence ! L'autre jour, je craignais que les tétons

de ma Vénus ne fussent trop écartés, et voilà
que je tombe sur une photographie de l'*Aurore*
du Tombeau de Julien de Médicis. J'ai pu me rendre
compte que Michel-Ange, lui, ne s'était pas gêné
pour mettre encore plus d'écart entre les deux
seins. Et voyez donc les *Noces de Cana...* Si ce
tableau était en perspective vraie, avec les personnages du fond tout petits, il paraitrait vide ; s'il
est si plein, c'est que les personnages du fond
sont aussi grands que ceux du premier plan. De
même, le parquet ne fuit pas selon les règles :
c'est peut-être pour cela qu'il fait si bien !...

« Encore une chose, dans Vélasquez, qui me
ravit : cette peinture qui respire la joie que l'artiste a eue à peindre !

« C'est qu'il ne suffit pas à un peintre d'être un
habile ouvrier ; il faut qu'on voie qu'il aime « pelo-
ter » sa toile. Cela a manqué à Van Gogh. Quel
peintre ! j'entends dire. Mais sa toile n'est pas
caressée amoureusement du pinceau... Et puis il
y a ce côté un peu exotique... Mais tous ces
gens qui vous « rasent » sur l'art, allez donc leur
apprendre que ce n'est pas seulement une question
de métier, qu'il faut, en plus, un certain quelque
chose, dont aucun professeur n'enseigne le secret...
de la finesse, du charme... et cela, on le porte
en soi...

« Regardez Vélasquez, quand il peint la cour

d'Espagne ! Tous ces personnages étaient probablement d'un commun ! Mais quelle suprême dignité il leur a donnée ! C'est sa dignité à lui que Vélasquez a mise en eux... Son tableau des *Lances* ! Sans parler de la qualité de la peinture, comme le geste de ce vainqueur est admirable ! Un autre aurait fait un vainqueur prétentieux... Devant cette toile, je passais mon temps à m'éloigner, à me rapprocher... Ces chevaux, c'est à embrasser !

« Et même en peignant ses personnages tels qu'ils sont, on peut donner à une peinture un agrément indéfinissable, si l'on a soi-même un tempérament de peintre. La *Famille Royale* de Goya, qui, à elle seule, vaut le voyage de Madrid, quand on est devant ça, est-ce qu'on remarque seulement que le roi a l'air d'un marchand de cochons, et que la reine semble échappée de chez un mastroquet, pour ne pas dire plus ! Les diamants dont elle est couverte ! Personne n'a rendu les diamants comme Goya ! Et les petits souliers de satin qu'il vous faisait !

« Il y a de lui, en Espagne, dans une petite église, un plafond représentant des gens regardant en bas. J'étais « épaté » devant ça, lorsque le guide dit qu'un « grand peintre de Paris » (Jules Ch...) avait passé là quelque temps avant et qu'après avoir levé les yeux au plafond, il était sorti de l'église en haussant les épaules !

— Moi. Vous ne m'avez pas parlé des Titien du musée de Madrid ?

— Renoir. Le Titien ! Il a tout pour lui. D'abord le mystère... une profondeur... Rubens, à côté, est extérieur, c'est de la surface.

« Cette cuirasse de Philippe II, on a envie de se regarder dedans ; et, en même temps, ce n'est pas du trompe-l'œil ; et puis, il y a ces chairs... *Vénus et l'Organiste*, la limpidité de cette viande, on a envie de caresser ça ! Comme on sent devant ce tableau toute la joie du Titien à peindre... Quand je vois, chez un peintre, la passion qu'il a ressentie à peindre, il me fait jouir de sa propre jouissance. J'ai vécu vraiment une seconde vie, avec cette jouissance que me donne la vue d'un chef-d'œuvre !

« Vous voyez à quel point j'aime le Titien : mais, malgré tout, je revenais toujours aux Vélasquez. Loin de moi de vouloir mettre Vélasquez au-dessus du Titien ; mais, à Madrid, c'est tout Vélasquez réuni, tandis que les beaux Titien, il y en a ailleurs. Et, pour ne parler que du portrait de *François I*er au Louvre, quelle richesse, quelle simplicité, quelle distinction ! En voilà un qui a vraiment l'air d'un roi ! Et il y a là des manches, des crevés en satin !...

« Une chose, encore, qui m'a extrêmement frappé au musée de Madrid, c'est un Poussin qui est resté frais comme un Boucher, alors qu'au Louvre et ailleurs, les Poussin sont si crasseux !...

— Moi. A quoi attribuez-vous un tel état de conservation ?

— Renoir. Je m'étais dit que c'est peut-être parce que Madrid est situé sur une hauteur où l'air est pur : à Munich aussi, où il y a un si bon air, la peinture se conserve bien, tandis qu'au Louvre, qui est près de la Seine, les tableaux rancissent. Mais je crois que la vraie raison, c'est qu'en Espagne ils n'ont pas de conservateurs de musées !... »

J'étais très étonné. Alors Renoir :

« C'est que vous prenez « conservateur » dans le sens habituel du mot. Roujon *, aussi, prit ma remarque dans le même sens que vous et s'en froissa. Mais, par ce mot de conservateur, je ne veux pas dire le monsieur qui ne fait que se promener dans les salles ; celui-là n'est pas dangereux. Je prends *conservateur* dans son vrai sens, dans le sens de restaurateur de toiles. L'Espagne, qui est un pays pauvre, ne devait pas pouvoir s'en payer ; et les tableaux, une fois accrochés, restaient tranquilles.

— Moi. En votre qualité d'exécuteur testamentaire de Caillebotte, vous avez dû avoir plus d'une

* Roujon (Henry), le Directeur des Beaux-Arts.

querelle avec Roujon quand il s'est agi de faire entrer au Luxembourg les « impressionnistes » ?

— RENOIR. A vrai dire, je ne me suis jamais entendu avec Roujon sur rien, non qu'il manque d'esprit, ni qu'il ne soit pas d'un commerce agréable ; mais, pour m'entendre avec lui, il ne fallait pas que fût prononcé par moi un seul nom des peintres que j'aimais.

« Vous pouvez imaginer quelles furent nos discussions devant la collection Caillebotte. Roujon acceptait bien les Degas, et aussi les Manet ; pas tous cependant, il en rejeta un ou deux... Ma peinture, par contre, était, pour lui, un sujet d'inquiétude, qu'il ne cherchait pas à dissimuler.

« La seule toile de moi qu'il admît de confiance, était le *Moulin de la Galette*, parce que Gervex y figurait. Il regardait la présence de ce maître, parmi mes modèles, comme une sorte de garantie morale. Il était, d'autre part, assez disposé à goûter, sans trop d'exagération pourtant, Monet, Sisley et Pissarro, qui commençaient à être acceptés par les « amateurs ». Mais quand il arriva devant les Cézanne ! Ces *Paysages* qui s'équilibrent comme des Poussin, ces tableaux de *Baigneurs* dont les couleurs semblent avoir été ravies aux anciens faïenciers, enfin tout cet art suprêmement sage... J'entends encore Roujon :

— « Celui-là, par exemple, s'il sait jamais ce que c'est que la peinture ! »

En quittant l'atelier, je m'arrêtai devant des *Roses* ébauchées. « Ce sont, me dit Renoir, des recherches de tons de chair que je fais pour un *Nu*. »

———

XV

LONDRES, LA HOLLANDE, MUNICH

Moi. — Vous ne m'avez encore rien dit de l'École anglaise ?

— Renoir. L'École anglaise, ça n'existe pas. C'est une copie de tout : tantôt ils font du Rembrandt, tantôt du Claude Lorrain. Il n'y en a qu'un d'intéressant, et dont on ne parle pas beaucoup, Bonnington.

« Chose curieuse, c'est par les Turner que j'ai été attiré, la première fois, à Londres. J'avais vu, un jour, la reproduction d'un *Portrait de Turner jeune* ; c'était tout à fait moi. Mais quand je me suis trouvé devant cette peinture... Quelle différence entre Turner et Claude Lorrain qu'il a tant cherché à copier ! Turner, ce n'est pas bâti. Ce qu'on appelle ses audaces... ces gondoles sous un ciel de Londres ! On ne découvrirait pas, dans toute son œuvre, pour deux liards de sincérité. Comme j'aime mieux un primitif qui copie tout bêtement une draperie ! Voyez-vous, l'imagination ne va pas loin quand elle ne s'appuie pas sur la nature ! Heureusement, j'étais dédommagé des Turner, des Lawrence et même des Constable, par les Claude Lorrain que j'ai pu admirer à Londres.

« J'ai lu quelque part que Claude Lorrain peignait d'instinct comme l'oiseau chante. Ce serait bien extraordinaire chez un homme qui montre une telle puissance de métier. Tout est d'ailleurs étrange dans ce qu'on lit sur Claude Lorrain ; n'a-t-on pas été jusqu'à prétendre qu'il faisait faire ses figures par d'autres ! Mais s'il est vrai que, quelquefois, ses personnages ne semblent pas être très dans le tableau, la plupart du temps, par exemple, ça y est joliment ! Et ses bateaux ! Mais aussi, le veinard, il vivait à une époque où il y avait des bateaux à faire autrement amusants qu'aujourd'hui... Les navires de guerre qu'on avait alors, quelle chose merveilleuse à peindre !

« Il n'y a que les architectures, dans les tableaux de Lorrain, qui soient quelquefois un peu ennuyeuses; mais, là encore, comme l'air circule bien entre les colonnades !

« Et les peintres de ce temps, ce qu'ils étaient simplement peintres ! Ils ne se préoccupaient même pas de trouver pour leurs tableaux un titre approprié ! Voyez le tableau de Lorrain au Louvre, le *Siège de La Rochelle* ! Il n'y a là que des soldats qui causent entre eux sous de beaux arbres !

Cela me rappelle une toile que j'avais intitulée *Lavoir*, et il n'y avait pas l'ombre de lavoir, pas même trace d'eau ! J'avais d'abord mis ce titre — que j'ai oublié d'enlever ensuite — parce que j'avais peint la toile ayant derrière moi un lavoir, et que je voulais me rappeler l'endroit.

« Un tableau de Lorrain que je vous recommande si vous allez un jour à Londres, c'est l'*Embarquement de Sainte Ursule*, à la National Gallery. Quelle chose épatante !

« Mais ceux qui disent que Lorrain ne savait rien auraient pu signaler aussi que tout le monde a puisé dans son œuvre à pleines mains... Prenez n'importe quoi de lui. Vous connaissez au Cabinet des Estampes son *Bouvier*. Rousseau n'a été qu'un suiveur, encore que Rousseau ait fait quelquefois de beaux dessins. Constable, de même que Turner, connaissait Lorrain à fond. Et Corot, donc ! Mais je ne vous cacherai pas que j'aime encore mieux Corot que Lorrain. Corot a une telle personnalité ! En voilà un qui a créé un arbre à lui, tandis que les arbres de Claude Lorrain sentent un peu le convenu.. Mais il reste tout de même, chez Claude Lorrain, l'air pur de ses paysages, et ces ciels, d'un lointain !...

— Moi. Lorsque vous êtes arrivé en Hollande, les Rembrandt vous ont-ils donné le même « coup » que les Vélasquez à Madrid ?

— RENOIR. Vous savez à quel point j'aime Rembrandt ; mais je le trouve un peu « meuble ». Moi, je vais· de préférence à la peinture qui donne de la joie * à un mur. Et quand je me trouve devant la *Finette...* On vient vous dire : Rembrandt est autrement fort que Watteau... Je le sais bien, parbleu ! Mais le plaisir que vous donne un tableau, ça ne se mesure pas... Et puis, moi, quand je suis devant un tableau j'oublie tous les autres peintres. Un avec qui on ne peut pas admirer tranquillement, Gallimard. A Madrid, je l'avais toujours dans mon dos, à dire : « J'aime mieux Rembrandt. »

— « Vous m'emm..dez avec Rembrandt ! que je finis par m'écrier. Quand je suis en Espagne, laissez-moi me pâmer devant les Vélasquez ; lorsque je serai en Hollande je me pâmerai devant Rembrandt. »

— MOI. La *Ronde de nuit* ?

— RENOIR. Si j'avais ce tableau, je découperais la *Femme au Poulet...* et je bazarderais le reste. Ce n'est pas comme la *Sainte Famille* ! ou encore, tenez, cette *Femme du Menuisier,* au Louvre, qui

---

* Renoir me disait un jour : « Un mot de Joyant qui m'a fait joliment plaisir. Quelqu'un regardait ma toile de la *Source* :

— « Ce Renoir ! Jamais de la peinture sérieuse... Toujours en fête...

— « Parbleu, fait Joyant, quand il peint une femme, celui-là, ça l'excite plus encore que s'il la caressait !... »

donne à téter ! Il y a là un rayon de soleil qui passe à travers les barreaux des fenêtres et qui vient dorer le sein !...

— Moi. Dans un voyage que j'ai fait en Hollande, le tableau qui m'a le plus emballé : la *Fiancée Juive* !...

— Renoir. La *Fiancée Juive*, voilà un Rembrandt comme je les aime ! Mais il faut payer cher le plaisir de voir ces musées de Hollande, et je ne comprends pas qu'il y ait des gens bien portants dans un pays pareil avec tous ces canaux qui empoisonnent ! Et puis, à part trois ou quatre grands peintres, quels « raseurs » que tous ces Hollandais !

« C'est comme Téniers et les Petits Flamands. Il n'était pas si bête, Louis XIV, quand il disait :

— « Enlevez tous ces magots ! »

« C'est pourtant dans cette triste Hollande que j'ai trouvé le modèle qui a posé pour cette toile, là au mur : une vraie Madone ! Et quelle peau de vierge ! Vous n'imaginez pas le téton de cette fille, lourd et ferme... Et le joli pli au-dessous avec une ombre dorée... Elle n'avait malheureusement guère le temps de poser, à cause de son travail, qu'elle ne voulait pas lâcher ; mais j'étais si content de sa docilité et de cette peau qui prenait si bien la lumière, que je voulais l'emmener à Paris, et je me disais déjà : « Pourvu seulement qu'on ne me « la dépucelle pas tout de suite, et qu'elle conserve

« quelque temps ce teint de pêche ! » Je demandai
donc à sa mère de me la confier, en lui promettant
que je veillerais à ce que les hommes ne tou-
chassent pas à sa fille.

— « Mais qu'est-ce qu'elle fera donc à Paris,
si elle ne « travaille » pas ? » me demanda la mère
stupéfaite.

« Je compris quel genre de « travail » faisait
ma vierge ! Inutile de vous dire que j'en restai
là de mes projets.

— Moi. Vous ne m'avez pas parlé de votre
voyage à Munich ?

— Renoir. C'est le dernier voyage que j'ai fait.
Je suis allé à Munich vers 1910. J'y ai peint quelques
portraits. Ils ont, là-bas, un Rembrandt très célèbre, une *Descente de Croix* : mais, malgré la
réputation énorme de ce tableau, j'avoue que je
le trouve un peu crayeux... Je n'aime pas non plus
l'effet de noir dans le bas de la toile... Mais, par
contre, j'ai vu à la Pinacothèque une chose qui
m'a énormément intéressé : une *Tête de femme* de
Rubens, un Rubens peint épais, non pas lisse comme
d'habitude... Encore, en fait de Rubens, n'avons-
nous rien à envier à personne, avec *Hélène Four-
ment et ses enfants* au Louvre. Il y a, là, une robe
blanche qui, avec tous leurs sales vernis, est maintenant pleine de m.... Ça reste tout de même magnifique ! Voilà de la peinture ! Sur de splendides cou-

leurs, on peut mettre tout ce qu'on veut... Ah ! Rubens, quel peintre généreux ! Comme on sent que cela ne le gêne pas de mettre cent figures dans une toile ! En voilà un qui n'est pas à une fesse près !... Et, à ce propos, quelle surprise j'ai eue quand on a ouvert, au Louvre, la nouvelle salle des Rubens ! On m'avait dit : « Ils ont mis de l'or « trop neuf autour des toiles... » Eh bien, il n'y a pas à dire, avec toutes ces « dorures * » ça fait mieux qu'autrefois. Et les Rubens ont tellement gagné de n'être plus présentés penchés, d'être accrochés droit comme de la fresque ! »

* Renoir recommande pour ses propres toiles : « Surtout une bordure d'or brillant ».

XVI

RENOIR A PONT-AVEN

Renoir. — Vers 1892, j'allai avec Gallimard à Pont-Aven. On m'en avait parlé comme un des plus jolis coins de Bretagne, et, en plus, Pont-Aven est assez loin de la mer. Je vous ai déjà dit que l'air des plages ne m'a jamais réussi ; c'est même pendant un séjour à la mer que j'ai commencé à être pris sérieusement de rhumatismes.

« Je croyais aussi, n'est-ce pas ? si loin de Paris, pouvoir prendre quelques jours de repos sans entendre parler peinture : eh bien! en arrivant à Pont-Aven je tombe en pleine *Exposition Internationale de peinture* ! Et le fait est que jamais exposition ne mérita mieux son titre, car on pouvait voir chez Julia et chez Gloannec, les deux aubergistes du pays, des peintres venus de tous les coins du monde.

« J'avais remarqué, chez Gloannec, un jeune homme qui travaillait à des tapisseries bien curieuses, Émile Bernard. Il y avait aussi là Gauguin, lequel s'était mis en tête de « débrouiller » les peintres qui faisaient noir. C'est ainsi qu'il entraîna dans la voie de la « peinture de l'avenir » un malheureux bossu, un nommé de Haan, qui jusque là avait gagné sa vie à faire du Meissonier ; mais il devait cesser de se vendre du jour où, cédant aux conseils impérieux de Gauguin, il remplaça son bitume par du vermillon. Mais l'être le plus étonnant que je vis à Pont-Aven, un certain... n'importe ! C'était un de ces petits bourgeois habillés comme au temps de Louis-Philippe. A force d'entendre parler peinture, il avait voulu, lui aussi, en faire ; mais, faute de dispositions naturelles, devait-il se contenter de mettre son nom sur les toiles mal venues qu'on lui abandonnait. Bien entendu, à cette *Exposition Internationale* figurait une de « ses » œuvres : un paysage où quelqu'un, par farce, avait ajouté un bateau au sommet d'un arbre, et le bonhomme, qui était bien certain d'avoir livré aux organisateurs de l'exposition un paysage sans bateau, n'arrivait pas à s'expliquer comment un bateau avait pu venir s'échouer là.

« Pendant le temps que je restai à Pont-Aven, je ne fis guère que du paysage, l'unique modèle du pays ayant abandonné son métier pour celui de femme publique.

« Je retrouvai chez Julia, où j'étais descendu, une Américaine qui faisait un peu de peinture et qui m'avait déjà demandé des conseils à Paris. Je ne pouvais lui être d'aucun secours, car elle se sentait davantage portée vers Puvis de Chavannes, et, bien entendu, c'était moi qu'elle rendait responsable du peu de progrès qu'elle faisait « dans le sens » de ma peinture ! Je la prenais toujours à « fouiller » dans ma boîte à couleurs :

— « Je suis sûre que vous me cachez quelque chose !... »

« Un jour, je m'étais blessé avec mon couteau à palette. Je n'ai jamais pu voir couler le sang, surtout le mien. Il me sembla que j'allais me trouver mal. Mon « élève » se précipita à mon secours, mais, au moment de m'envelopper le doigt, comme ses yeux se portaient sur ma palette, elle laissa tomber la bande de toile, et avec de l'indignation dans la voix :

— « Comment, je vois là le rouge de Venise que je ne vous connaissais pas ! »

XVII

LE PORTRAIT DE MADAME MORISOT

Je m'étais mis à regarder dans le casier où Renoir rangeait ses toiles :

« Le pastel que vous avez en main, Vollard, c'est en plein de ma « manière aigre ». On m'a demandé plus d'une fois à l'acheter, depuis que les amateurs se moquent bien comment une chose est faite et ne considèrent plus que la signature, mais je ne peux vraiment pas vendre cela : c'est le portrait de Madame Morisot et de sa fille.

— Moi. Avez-vous beaucoup connu Madame Morisot ?

— Renoir. Oui, et je dois même dire que Madame Morisot a été une des amitiés les plus solides que j'aie rencontrées. Je me rappelle aussi les bonnes soirées que j'ai passées chez elle avec Mallarmé, que j'avais tant plaisir à voir; car si je n'ai jamais compris grand'chose à ce qu'il écrivait, quel régal de l'entendre parler !

« Et quant à Madame Morisot elle-même, la curieuse chose que la destinée ! Un peintre d'un tempérament aussi prononcé qui va naître dans le milieu le plus austèrement « bourgeois » qui ait jamais été et à une époque où un enfant qui voulait faire de la peinture n'était pas loin d'être regardé comme le déshonneur de la famille ! Et quelle autre anomalie, de voir apparaître, dans notre âge de réalisme, un peintre si imprégné de la grâce et de la finesse du xviiie siècle ; en un mot, le dernier artiste élégant et « féminin » que l'on ait eu depuis Fragonard, sans compter ce quelque chose de « virginal » que Madame Morisot avait à un si haut degré dans toute sa peinture.

« Vous savez que le premier professeur de Madame Morisot a été Corot. Il l'avait prise en grande amitié, si bien qu'un jour où elle lui demandait le prix d'une de ses toiles, un Corot qui vaudrait aujourd'hui des deux cent mille francs :

— « Pour vous, lui avait-il répondu, ce sera mille francs ! »

« Vous voyez d'ici la tête des parents lorsque la jeune fille, toute joyeuse, vint leur annoncer cette « faveur » que lui faisait son professeur...

« Un trait qui vous montrera à quel point le père Corot respectait la nature. Un jour que son élève lui apportait une copie qu'elle avait faite d'après lui :

— « Vous allez me recommencer cela, lui dit-il : dans mon tableau, l'escalier a une marche de moins que dans votre étude ! »

* * *

« Dites, Vollard, reprit Renoir, voulez-vous me rendre un service ? On m'a fait savoir que la *Société des Amis du Luxembourg* voudrait m'acheter quelque chose. Il est vrai que la plupart de ces gens-là n'aiment guère ce que je fais. L'un d'eux... enfin un collectionneur très connu, ne me disait-il pas :

— « Je ne sais pas pourquoi, mais votre peinture me rend malade ! »

« Ils n'ont d'ailleurs que plus de mérite, ne trouvez-vous pas ? à vouloir m'admettre parmi leurs « protégés »... Et donc, je leur ferais bien cadeau de ce *Portrait de Madame Morisot* ; mais j'aurais trop l'air de vouloir forcer la porte d'un musée. Vous connaissez le président de la *Société des Amis du Luxembourg*, un monsieur Chéramy. Il a des Corot. Je me souviens même d'avoir vu chez lui *Les terrasses de Gênes*, un diamant : cela est peint comme un Titien... Bref, voulez-vous bien porter à ce monsieur Chéramy mon pastel et lui dire que je le vendrais aux *Amis du Luxem-*

bourg pour... mettons cent francs... Comme cela, je serai plus à mon aise ! »

Je vais chez M. Chéramy avec le Renoir. A peine avais-je prononcé le nom du peintre :

— M. Chéramy. Beaucoup de talent ! Il voudrait sans doute que je le recommande aux amateurs de notre Société ? Assurez-le de ma bienveillance ; je connais ses beaux dessins de l'*Illustration*.

— Moi. Mais c'est du Renoir peintre qu'il s'agit !

— M. Chéramy. Beaucoup de talent aussi, en tant que coloriste ! Assurez-le de ma bienveillance ! Je connais le *Moulin de la Galette* et j'ai même déjà encouragé votre Renoir par un achat personnel, un *Portrait de Wagner*. Ah ! Wagner, quel talent encore, celui-là ! »

J'exposai le but de ma visite. Lorsque j'eus énoncé le chiffre de cent francs :

— M. Chéramy. Évidemment, cent francs ce n'est pas le diable... Seulement, un achat de notre Société, cela ne se décide pas comme ça, au pied levé ! Que M. Renoir fasse une demande ! Ne connaît-il personne de l'entourage de Bonnat ? C'est lui qui juge en dernier ressort de nos achats. Et il est très sévère pour le dessin... »

Comme je prenais congé, on apporta un cadre soigneusement enveloppé que M. Chéramy aida lui-même à placer sur un chevalet.

S'adressant à moi :

« Vous allez voir l'œuvre d'un maître qui sait joindre le dessin à la couleur ! »

Et, de deux mains précautionneuses, le président de la *Société des Amis du Luxembourg* ayant découvert le tableau, j'aperçus une *Scène de Nus* de La Touche...

XVIII

LA FAMILLE

« Tu n'as pas besoin de Gabrielle et de la Boulangère *, demandait Renoir à sa femme. Je voudrais faire un tableau de *Baigneuses*. »

Et Madame Renoir « s'arrangeait ».

« C'est extraordinaire, me disait, un jour, Caillebotte, le frère du collectionneur, je n'ai jamais pu avoir chez moi de la bouillabaisse comme celle que nous mangeons chez les Renoir... Pourtant, j'ai une vraie cuisinière. La cuisinière de Renoir, on lui demande seulement « d'avoir une peau qui prend bien la lumière... »

Oui... mais il y avait Madame Renoir...

Et sait-on pareillement que c'est grâce à sa femme que Renoir a peint tous ces beaux bouquets de fleurs ? Madame Renoir savait le plaisir qu'il avait à peindre des fleurs, mais que l'obligation seule d'aller les chercher... Aussi avait-

* Les deux bonnes de la maison.

elle toujours à la maison des fleurs dans ces pots à quatorze sous, d'un si joli vert que Renoir aimait tant regarder aux étalages. Et quelle n'était pas sa joie, quand le peintre disait, devant un de ces bouquets arrangés avec un si grand soin :

« Comme c'est joli, des fleurs mises n'importe comment ! Je vais peindre ça ! »

Une autre partie non moins importante de l'œuvre de Renoir, les études faites avec ses enfants, tout cela serait-il sorti de son pinceau si, à la place de « modèles » à qui le lait de la mère avait donné de si belles joues, il n'avait eu que des enfants de « nourrice », ou de biberon, comme ces petits riches qu'il a peints à l'époque où il était obligé d'accepter les commandes !

« C'est épatant, comme vous vous tirez toujours de tout ! disais-je à Madame Renoir, un jour que je la trouvais en train d'écosser des petits pois, avec, sur les genoux, Jean, qui n'était pas très sage, car il faisait ses dents.

« Et quand je pense que vous trouvez encore le temps pour aller à la messe. »

Car, venant voir Renoir, d'habitude, le dimanche matin, j'entendais toujours, vers les onze heures, un :

« Tu n'as besoin de rien, Renoir ? Je vais à la messe... »

Madame Renoir s'était levée brusquement :

« Ah ! mon Dieu ! les pinceaux qui ne sont pas nettoyés ! »

Et lâchant les petits pois et Jean, qui se tut soudain, — car, avec la prescience des enfants, il vit tout de suite que cela ne lui servirait de rien de faire le méchant, que sa mère ne l'entendrait pas..., — Madame Renoir s'était précipitée dans la pièce voisine. Elle revint avec un paquet de pinceaux.

« Renoir trouve que je sais mieux nettoyer ses pinceaux que Gabrielle... »

Et puis, ce fut pour Renoir la célébrité [*], la grande aisance, la fortune même. Mais, en même temps, il commençait à être pris des rhumatismes qui devaient, au bout de si peu d'années, le clouer sur son fauteuil.

Madame Renoir parlait, un jour, devant moi, de leur voyage en Italie.

« Combien, disait-elle, je regrette ce temps !... »

J'allais répondre :

« Mais Renoir ne se vendait pas ?... »

Je m'arrêtai, comprenant le sens du regret : Renoir à ce moment-là se portait si bien !

Enfin, Renoir lui-même, tout entier à son art, qui se développait malgré ses infirmités, — et,

---

[*] A la vente Doria en 1899, *La Pensée* faisait 22.100 francs. Renoir l'avait vendue 150 francs moins de 20 ans auparavant.

n'était-ce le paradoxe, peut-être même à cause de ses infirmités, comme il disait lui-même (car, devant rester sans bouger, il n'était distrait par rien et ne pensait plus qu'à sa peinture), Renoir avait fini par prendre son parti * de ses mains qui se fermaient, de ses jambes qui se raidissaient chaque jour un peu plus... Et les souffrances si vives des premiers temps ayant presque disparu, la santé générale de Renoir s'étant même raffermie, Madame Renoir pouvait se dire presque heureuse lorsque la guerre éclata...

Les deux fils aînés, Pierre et Jean, partirent aussitôt.

J'étais allé prendre de leurs nouvelles. Renoir avait des visites. Tout le monde était à l'optimisme.

Un ami de la maison, l'acteur Dorival, venait d'apporter une « *édition spéciale* » qui annonçait une avance « foudroyante » en Lorraine...

On était encore sous le coup de l'heureux événement, que survenait un deuxième porteur de nouvelles, un député, M. Z...

« Je quitte le ministère de la guerre, disait Z... encore un peu essoufflé d'avoir monté quatre à quatre les escaliers ; il vient d'avoir conseil des

* Je me rappellerai toujours l'étonnement de M. Bérard : « Si vous saviez l'état dans lequel je viens de trouver Renoir. Eh bien, est-ce que dans la conversation il ne m'a pas dit : — « En somme, je suis un veinard ! »

ministres, le gouvernement estime que le rouleau compresseur russe passera sur Berlin dans les premiers jours d'octobre * au plus tard... »

Quand les gens furent partis :

« C'est maintenant, dit Renoir, que je commence à avoir peur... On devient fou...

— Moi. Il est exact cependant qu'ils se sauvent...

— Renoir. C'est justement pour cela... Vous n'avez donc jamais été voir *les Horace et les Curiace* au Théâtre-Français ?... C'est vrai que ce doit être si mal joué...

— Moi. Mais le rouleau compresseur russe, ce n'est pas de la « blague » ! Tous les journaux en parlent depuis les premiers jours de la guerre.

— Renoir (haussant les épaules). Regardez donc sur une carte la distance à parcourir...

« C'est comme mon ami N... Encore un qui voulait, tout le temps, prendre un fusil et courir à Berlin... Un jour je le rencontre près de l'Opéra :

— « Il fait si bon se promener, que je lui dis, si nous allions faire une ballade à Asnières.

— « Comment ! vous voulez aller à Asnières à pied ? »

Renoir avait pris ses pinceaux, mais il était si tourmenté de ses enfants qu'il ne pouvait venir à

* Il s'agissait d'octobre 1914.

bout d'une petite nature morte : *Une tasse et deux citrons.*

« Je ne ferai plus de peinture ! » dit-il tout à coup, en laissant retomber le bras...

Madame Renoir, qui tricotait un cache-nez de soldat, releva ses lunettes, regarda son mari, et, sans dire un mot, étouffant un soupir, baissa la tête sur son ouvrage. Renoir, qui, de son côté, voulait cacher ses appréhensions, se remit à sa toile, et, tout en travaillant machinalement, — c'était la première fois que je le voyais peindre sans passion, — pour se donner le change, il se mit à fredonner un de ses airs de prédilection : un air de la *Belle Hélène.* Mais l'accent n'y était pas.

*
* *

Cependant, les nouvelles des « enfants » arrivaient régulièrement, et les lettres de circonstance qu'ils écrivaient à leurs parents, confirmaient ce que les journaux disaient de la vie joyeuse des « poilus ». Si bien que Renoir et sa femme commençaient à se remettre un peu, lorsque, tout à coup, on apprit que l'aîné des fils, Pierre, était dans un hôpital à Carcassonne, l'avant-bras fracassé.

« Avec ce qui aurait pu arriver, je dois encore m'estimer avoir de la chance, disait Madame

Renoir en revenant de Carcassonne ; et si Jean de son côté... »

Mais voilà que, ne pouvant se faire à l'inaction à laquelle était condamnée la cavalerie, Jean passait dans les chasseurs alpins !

« Pense donc, maman, j'ai le béret..., » le béret dont étaient si fiers les « diables bleus, » mais qui n'était pas la tranquillité des parents.

Et puis, un jour, on reçut la nouvelle que Jean était à l'hôpital de Gérardmer.

« Au moins, il n'est pas trop blessé ! disait Madame Renoir en lisant la lettre à son mari.

— Tu as raison, » fit Renoir en s'efforçant de paraître calme.

Jean prenait à la « rigolade » sa cuisse traversée d'une balle.

« Le médecin, écrivait-il, me promet pour quelque temps une petite raideur de la jambe. Quelle veine ! J'aurai le « chic » officier ! »

Ce même jour, Madame Renoir partait pour Gérardmer.

« Vous verrez, dit Renoir : si je reçois une dépêche avec beaucoup de détails, c'est qu'on voudra me cacher quelque chose !... »

Une très brève dépêche rassurante arriva ; mais Renoir n'était pas le moins du monde tranquillisé.

« Je suis sûr qu'ils vont lui couper la jambe... Si j'écrivais à Clémentel... Vous riez parce que je veux demander l'appui du Ministre du Commerce pour empêcher qu'on coupe une jambe ? Vous savez bien que dans cette guerre personne n'est à sa place * : ce directeur de théâtre qui est médecin-chef d'un hôpital... Et le docteur Abel Desjardins qui a reçu un blâme du Sous-Secrétaire d'État du Service de Santé parce qu'à nombre égal de lits il n'avait pas à son tableau autant de bras et de jambes coupés que dans le secteur à côté... »

Ma chambre à coucher était voisine de celle de Renoir ; je l'entendis se plaindre toute la nuit. A la moindre préoccupation, il n'arrivait pas à trouver le sommeil et, à l'état de veille, ses infirmités le faisaient particulièrement souffrir, mais sans abattre son énergie. A 78 ans, après une nuit passée à gémir, il se faisait porter à l'atelier : il reprenait des forces en travaillant.

On appelait au téléphone. C'était le bureau de postes de Cagnes qui, assez éloigné des Collettes, faisait savoir la teneur d'une dépêche qui venait d'arriver pour Renoir. Jean gardait sa jambe. Il était tombé sur un major qui aimait mieux laisser guérir que couper, un major sans ambition qui se « foutait » des mauvaises notes.

* Renoir exagérait. Il y a les maîtres d'hôtel et les chefs cuisiniers qu'on a toujours mis à leur place.

*
* *

Après toutes les émotions qu'avaient données Pierre et Jean, le calme était revenu aux « Collettes ». Madame Renoir avait repris du goût à soigner ses poules et ses lapins.

On était au moment de la récolte des fleurs d'oranger. Je me rappelais que Renoir m'avait dit, en achetant les « Collettes », qu'avec seulement le produit de la « fleur » on pourrait très bien vivre. Je demandai à Madame Renoir où elle en était avec le « rapport » de la propriété.

« Il est évident, me répondit-elle, que si Renoir était plus jeune, en travaillant le jardin à nous deux...

« Mais c'est encore sur la peinture de mon mari qu'il faudrait tout de même, je crois, le plus compter ! »

XIX

ESSOYES, CAGNES

Un jour, vers 1912, Renoir me parlait d'un merveilleux endroit à deux pas de Paris.

« Mais il ne faut pas le dire... C'est un lieu unique pour un peintre : un étang avec, tout autour, du sable, du vrai sable, vous entendez, et les nénuphars sur l'eau ! Avec cela, presque pas de monde à l'hôtel, un hôtel très bien ! Je serai là étonnamment pour faire des chefs-d'œuvre. »

Cet endroit, qu'il s'imaginait si bien caché, n'était autre que Chaville, le rendez-vous des Parisiens, le dimanche. Et, étant allé y voir Renoir, qui déjà n'avait plus l'usage de ses jambes, je le trouvai dans une auberge avec un escalier tel, qu'il fallait le faire descendre, le matin, à force de bras, et, plus péniblement encore, le hisser chaque soir.

Il n'avait décidément pas l'instinct du confort, du chez-soi. Mais son entourage, heureusement l'avait pour lui ; et c'est ainsi que, dès 1898, il était devenu propriétaire d'une maison dans un village champenois, le pays natal de Madame Renoir.

« Une véritable occasion ! avait dit celle-ci à son mari. Une bonne maison de paysan, construite en moellons !... »

Renoir s'est toujours méfié des « occasions », suivant ce principe, que la sauce coûte plus cher que le poisson. Cette fois, pourtant, avec sa vieille haine du « bourgeois », il se laissa séduire à cette annonce d'une « maison de paysan » ; mais il devait apprendre encore à ses dépens ce que cachait la « véritable occasion », car, pour rendre logeable cette habitation, encore fallut-il la refaire presque en entier.

Quoi qu'il en soit, une fois devenu propriétaire à Essoyes, il fut amené à aller y passer un ou deux mois chaque année ; et, avec sa facilité à s'adapter partout, il fut, en très peu de temps, regardé, par les gens du pays, comme un des leurs, ce qui est bien la plus grande marque d'estime que l'homme des champs puisse donner au citadin.

Et si l'on était unanime, à Essoyes, pour trouver que Renoir ne savait pas « tirer le portrait » aussi bien que le photographe de la ville voisine, du moins, pour la chose d'être de bon conseil, les « Essoyens » n'étaient pas moins d'accord pour proclamer que « l'artiste » en savait aussi long que Firmin, le métayer du château.

J'allais oublier de parler d'une qualité de la terre d'Essoyes : elle produit un vin qui rivalise avec les plus grands crus de Champagne. Aussi, lorsqu'il fut question de « délimitation vinicole », la joie des habitants fut grande ; mais, en fin de compte, les représentants du pays n'ayant pas eu assez d'influence pour faire déclarer que du vin récolté en Champagne serait appelé « vin de Champagne », on peut penser si Renoir dut avoir à se défendre contre les sollicitations de ses nouveaux concitoyens, qui ne doutaient pas qu'un homme parlant si bien ne pût, en disant un mot à Paris, faire rendre à leur vin son véritable nom...

Et, une autre fois, des personnes d'un village voisin ne vinrent-elles pas se plaindre au peintre que leur institutrice allait être déplacée parce qu'elle refusait de « coucher » avec le maire ! Cette fois, Renoir croyait bien pouvoir se rendre utile, car il connaissait un membre du Parlement qui déjà lui avait fait des offres de services.

Rentré à Paris, Renoir exposa les faits au représentant du peuple ; et celui-ci, se frottant les mains :

« Ce que je le ferai « sacquer », ce maire, par mon ami Briand * !... »

* Le Président du Conseil.

Quelques jours après, le parlementaire revint chez Renoir, et, tout naturellement :

« Rien à faire pour votre institutrice! Le maire appartient au Parti !... »

*
* *

Jusqu'au jour où les médecins ordonnèrent à Renoir de vivre l'hiver dans le Midi, il allait l'été à Essoyes ; mais lorsqu'il fut forcé, par ordonnance de la Faculté, d'habiter d'octobre à juin les pays du soleil, il partagea ses étés entre la Champagne et Paris.

« Si je n'allais pas me retremper un peu à Paris... » disait-il un jour.

— Moi. Mais une fois à Paris, vous ne mangez plus ; vous ne pouvez pas travailler avec la chaleur...

— Renoir. Tout ce que vous voudrez ; c'est tout de même l'air de Paris. »

Quand il regagnait le Midi, le peintre aimait à « flâner » en route, s'arrêtant là où ça lui disait. C'est ainsi qu'ayant aperçu, par la vitre d'un train, les deux petits arcs d'un pont romain à Saint-Chamas, il n'avait pas eu de cesse qu'il ne fût venu peindre là.

Lorsque Renoir se trouva forcé de résider presque

complètement dans le Midi, ce fut à Magagnosc qu'il se fixa tout d'abord. Magagnosc est une bourgade provençale avec des vestiges qui font penser à une ville espagnole, et étrangement accrochée au flanc de la montagne. Renoir pouvait encore, à ce moment, se servir de ses jambes. Quelles bonnes promenades nous avons faites ensemble dans la montagne, et ces grives de vignes que Madame Renoir faisait rôtir à la broche, une broche qui tournait devant un feu de sarments !

Au bout de deux ou trois ans de Magagnosc, Renoir, se plaignant du froid de la montagne, alla demeurer au Cannet, puis, définitivement, à Cagnes, dont on lui avait vanté le bon air. Mais cet air si pur, c'est l'air qu'on respire dans le haut Cagnes et Renoir n'alla-t-il pas s'échouer dans la plaine marécageuse du bas Cagnes ! Et comme, une fois installé quelque part, il ne peut pas se décider à « démarrer », c'est encore là qu'il passerait ses hivers, si, un jour, on n'avait mis en vente un terrain planté d'oliviers, à mi-côte, « Les Collettes ». Ne disait-on pas que ces oliviers — des arbres qui avaient au moins mille ans, affirmaient les gens du pays — allaient être, avant peu, convertis en cuillers, ronds de serviettes, presse-papiers, et autres « souvenirs de Jérusalem » ? Une telle idée fut insupportable à un artiste, et Renoir acquit les Collettes pour sauver les oliviers. Mais lorsque la propriété fnt achetée, on songea à bâtir une maison, cette si agréable demeure dont Madame Renoir devait être l'habile architecte.

Arrivant, un jour, à Cagnes, pendant qu'on construisait la maison, — le « Château des Collettes », comme on disait dans le pays, — je trouvai Renoir, qui déjà n'avait plus l'usage de ses jambes, son fauteuil roulé près de la fenêtre et, à travers la vitre, ne pouvant détacher ses yeux du paysage.

« Vous voudriez faire un tableau d'ici ? lui demandai-je.

— Ce n'est pas ça : on m'a fait espérer qu'aujourd'hui je verrais pointer ma maison derrière ces arbres, là-haut ! »

Mais qui peut échapper à l'emprise des choses ? Lorsque le « château » fut construit, Renoir, peu à peu, trouva qu'il était bon d'avoir ses aises, de telle sorte que les Collettes ne ressemblent pas à la maison du bas Cagnes, qu'il avait dû même partager avec le bureau de poste. Encore, dans sa nouvelle demeure si bien aménagée, mais isolée, devait-il arriver au peintre de regretter la *Maison de la poste* avec ce va-et-vient qui donnait de la vie. Enfin, malgré son horreur de la « mécanique », le châtelain improvisé se résigna à avoir son automobile. Il voyait là surtout un moyen commode pour aller au paysage, — ce qu'il avait continué de faire, depuis la perte de ses jambes, avec quelles difficultés !

* *
*

« Vous voyez tout le mal que se donne mon mari ! me disait Madame Renoir, un jour que le peintre revenait « du paysage » dans une poussette que le caoutchouc des roues n'empêchait pas de sauter à chaque caillou. Le public l'apprécie ; ces marchands qui sont là tout le temps à vouloir lui acheter ses toiles... Pourquoi alors quand on écrit sur lui... On vient encore de me montrer un journal... Et même, quand on ne s'y connaît pas... Tenez, lorsque je suis arrivée hier, je me disais : comme la salle à manger est triste !... J'avais rapporté de Paris trois ou quatre bouts de toiles, des *Roses*, une *Tête* de Gabrielle... des choses sur lesquelles Renoir avait travaillé une heure ! Quand j'eus piqué ça au mur, la salle à manger avait changé d'aspect ; on s'y plaisait ! »

Madame Renoir se tut ; je ne l'avais jamais entendue en dire aussi long sur la peinture.

XX

LES MODÈLES ET LES BONNES

Renoir. — Gabrielle ! Gabrielle !... Elle est encore partie ! Et ma palette qui n'est pas faite !

— Moi. Voulez-vous me permettre... ?

— Renoir. Zut, je ne travaillerai pas ce matin.

— Une vieille dame en visite. Elle est donc toujours sortie, cette fille ?...

— Renoir (après le départ de la dame). Elles sont extraordinaires les « patronnes » ! et même les moins mauvaises... Cette Madame J..., tout le monde vous dira : « C'est un ange. » Eh bien ! essayez donc de faire comprendre à un ange qu'une bonne a les mêmes besoins qu'une autre femme...

« Il faut bien dire que Gabrielle en prend à son aise ! Et si, encore, elle n'essayait pas de me mettre dedans ! Voulez-vous parier que, tout à l'heure, en rentrant, elle tombera de son haut, lorsque je lui demanderai pourquoi elle est restée si long-temps dehors ? « Mais, Monsieur, je ne suis pas sortie !

« J'ai été seulement prendre des nouvelles de la
« mère Machin qui revient de l'hôpital. »

« Vous connaissez bien la mère Machin, ma femme
de ménage, et son mari, le père Machin avec sa
ceinture rouge et son chapeau tyrolien.

— Moi. La première fois que je suis venu chez
vous, j'entendais la mère Machin qui disait à Gabrielle : « Oui, ma petite, le père Machin a quitté
« son travail pour montrer aux autres le chemin
« du devoir... Il a un patron qui oblige les ouvriers
« à aller à la messe... « Papa * » a dit aux copains :
« Moi, je ne mange pas de ce pain-là... Vous êtes
« des feignants de rester à travailler... »

On entend un bruit de pas dans l'escalier.

— RENOIR. C'est Gabrielle ! Il faut, cette fois,
que je me fâche !

— GABRIELLE (voyant que le « patron » se force
à prendre un air sévère). Mais, Monsieur, je ne
suis pas sortie ; je suis descendue seulement cinq
minutes prendre des nouvelles de la mère Machin
qui revient de l'hôpital, même que je ne l'ai pas
rencontrée...

— RENOIR. Cinq minutes ! Elle en a du toupet !
Gabrielle, je vous ai dit cent fois : vous n'êtes pas
faite autrement que les autres, et je n'ai pas la
prétention de vous tenir ici prisonnière... »

* Appellation familière qui désignait le père Machin.

Mais voilà qu'arrivait la mère Machin elle-même. Pendant qu'à quatre pattes, dans l'atelier, elle rangeait les soldats de plomb de Claude :

« Eh bien, lui dit Renoir, votre fille doit être contente de la place que je lui ai fait avoir chez mon ami ?

— La mère Machin. Non, Monsieur, vu que Monsieur votre ami ne s'est pas conduit en galant homme ! Il a dit, l'autre jour, à ma fille, à brûle-pourpoint : « Il faudra, demain, faire les confitures. » Ma fille, qui n'avait pas été prévenue de ce caprice, lui a répondu du tac au tac : « Ce sera « pour une autre fois, attendu que demain je suis « invitée à aller déjeuner à la campagne. » Alors, Monsieur votre ami lui a dit : « Non, ma petite, ce « ne sera pas pour une autre fois, car vous allez f... « le camp tout de suite de chez moi ! » Et voilà comment on parle à une jeune fille bien convenable, oui, Monsieur !

— Cela doit beaucoup ennuyer votre mari de rester à rien faire, depuis que les ouvriers couvreurs ont déclaré la grève ? demanda Gabrielle à la mère Machin.

— La mère Machin. Non, ma petite, même que « papa » se fatigue beaucoup, en ce moment, « rapport » que les camarades lui ont confié le soin, pendant la grève, de prendre en main les intérêts des veuves et des orphelins, ce qui n'est pas une petite affaire avec tous les assassinats que les « flics » commettent sur les ouvriers sans défense... Mais, quand le père Machin paraît, les « cognes » le saluent bien respectueusement, vu que le père Machin n'a pas l'air d'un ouvrier... Oui, ma petite... Il a les mêmes penchants que les gens de la « haute », il lui faut tous les dimanches son petit gigot bien frotté d'ail. »

On entend soudain : Ga... Ga... C'était le petit Claude qui appelait Gabrielle.

— RENOIR (resté seul avec moi, la mère Machin ayant suivi Gabrielle). Vous avez entendu la mère Machin... Mais j'aime cent fois mieux toutes ces imbécillités que d'avoir affaire à une « penseuse ». Tenez, celle-là que je rencontre, un jour, dans un hôtel de ville d'eaux... Comme je disais que ça manquait un peu de « résonance », de vie, elle, de se précipiter sur le piano !... »

On sonne à la porte, et aussitôt la voix de Gabrielle criant à la cuisinière :

« La grande Louise, si c'est un petit avec une drôle de tête, et qui parle du nez, foutez-le à la porte ! Il demande tout le temps après Monsieur ! Ç'a l'air d'un peintre !

— RENOIR. Allez vite voir, Vollard ! Non, restez ! c'est « la Boulangère ». Cette Gabrielle est extraordinaire avec sa rage de vouloir « fiche dehors » les gens qui ressemblent à des peintres. Si je la laissais faire, la jolie collection de « gourdes » qu'elle me fourrerait dans les jambes ! Et savez-vous le beau coup qu'elle m'a encore fait, l'autre jour !

— « Il est venu, me dit-elle, quelqu'un qui voulait à toute force voir Monsieur, mais, malgré qu'il avait coupé sa barbe et mis son costume des dimanches, je l'ai bien reconnu : c'était le garde champêtre ! Je ne l'ai pas laissé entrer ! »

« Et ce garde champêtre n'était autre que Monsieur de J...., le préfet.

« Et cette fois encore qu'elle écrit à Z... qui venait d'être décoré, qu'on avait appris à la maison, avec grand plaisir, qu'il avait été fait chevalier de la légion étrangère... »

Une visite arrivait au même instant. C'était le petit monsieur qui parlait du nez. Il tenait d'une main un lys, et de l'autre un face-à-main. S'adressant à Renoir :

« Je voudrais me faire peindre par vous... La ressemblance, ça m'est égal, pourvu que je garde mon caractère... »

Je m'étais levé, mais Renoir :

« Ne vous en allez pas, Vollard ; il va venir quelqu'un que vous aurez plaisir à voir... »

Puis, brusquement, à l'homme au lys :

« Allez donc chez Besnard. Les portraits que je fais, moi, ne plaisent pas. »

Et comme l'autre, déjà, un peu gêné de cet atelier qui n'avait rien du musée, prenait congé avec, dans la bouche, un de ces « maître » qui horripilait tant Renoir, voilà qu'arriva cet ami que Renoir attendait, mon compatriote de l'île Bourbon, le poète Léon Dierx, que je ne connaissais pas encore.

Renoir m'avait dit un jour : « Ce qui est tout Dierx *, c'est qu'il n'a jamais rien désiré pour lui-même, ni envié rien à personne ! Une seule fois je l'ai entendu débiner quelqu'un :

— « Je ne connais pas de « raseuse » plus terrible ». C'était de Madame de Sévigné qu'il parlait ! »

Dans l'œuvre de Renoir, Dierx admettait pleinement la première manière du peintre.

« Quel beau tableau que la *Loge*, disait-il un jour ; ah ! si Renoir, maintenant, ne donnait pas tant dans le rouge !... »

Et quelqu'un faisant observer que cette nouvelle manière de Renoir était très appréciée du public : « J'ai un ami, fit le poète, un peintre aussi, et qui a

---

* Dierx, après trente ans de fonctionnarisme, était toujours expéditionnaire. Et comme quelqu'un s'en indignait, le « Prince des Poètes », avec un sourire :

— « Croyez-moi, un poète, ce n'est pas bon à grand'-chose. Tenez, une fois, on me demande, dans le service, d'écrire une lettre. Nous recevons tout de suite une protestation indignée. La lettre était adressée à un archiviste ; j'avais mis : « Monsieur l'anarchiste... »

une femme si charmante ! Il peint avec beaucoup de rouge comme Renoir ; ce sera donc bientôt son tour de se vendre. »

Dierx entra dans l'atelier, l'air radieux :

« Renoir, si vous saviez la belle chose que je viens d'entendre ! Un jeune poète me récitait des vers où il était question d'un adolescent vierge. Ma femme de ménage, du coup, s'arrête, comme en extase :

— « Monsieur, je vous demande pardon de me mêler de ce qui ne me regarde pas, mais j'entends parler d'un jeune homme qui a encore son pucelage, et ça me rappelle le plus beau souvenir de ma vie ! Telle que vous me voyez, excepté que c'était il y a plus de quarante ans, j'ai eu, moi aussi, le pucelage d'un jeune homme !

— « Et quel effet cela fait-il, lui ai-je demandé, d'avoir le pucelage d'un jeune homme ? »

« Alors, elle :

— « Eh bien ! Monsieur, c'est pas pour dire, mais on est éblouie ! »

Gabrielle ne me paraissait pas tout à fait disposée à partager le sentiment de la femme de ménage du poète ; elle tenait apparemment les hommes pour des trompeurs, mais elle n'en était pas moins pitoyable au sexe fort.

Un soir que j'étais allé dîner chez Renoir à Louveciennes :

« Regardez Gabrielle et ses soldats ! » me dit Madame Renoir.

Et je vois deux soldats qui s'étaient hissés sur l'entablement de la fenêtre de la cuisine, et, à travers les barreaux, Gabrielle leur passant des tartines de confitures.

Un instant après, Madame Renoir, étant allée à la cuisine, trouve Gabrielle qui faisait manger aux militaires de la soupe.

« Mais, Gabrielle, vous êtes folle ; de la soupe après les confitures ! »

Déjà, Gabrielle s'inquiétait. Je la rassurai en lui disant qu'il y avait des gens qui mangeaient la soupe au dessert, que c'était, notamment, une coutume lyonnaise.

« Justement, repartit un des soldats, le régiment est désigné pour aller à Lyon. »

Et, désormais, sans craindre pour leur santé, Gabrielle tendit aux militaires la cuillerée de soupe restée en suspens derrière le grillage.

Renoir avait demandé du marc après le café : le carafon était vide.

« J'ai donné une goutte aux soldats, expliqua Gabrielle.

— Mais comment voulez-vous, dit Madame Renoir, qu'ils puissent retrouver leur fort au milieu de la forêt, maintenant qu'ils ont bu ? »

Gabrielle s'était enveloppé la tête d'un fichu :

— « Où allez-vous ? s'informe Renoir.

— Eh ! je vais rejoindre les soldats. A trois, nous retrouverons mieux le chemin du fort ! »

*
* *

Gabrielle aimait beaucoup les couleurs vives. Un jour, Renoir lui avait demandé un foulard, et Gabrielle de lui attacher au cou un grand mouchoir rouge à pois blancs. Ainsi « arrangé », Renoir alla au Crédit Lyonnais, accompagné de Gabrielle, laquelle n'était pas non plus sans être un peu voyante. Lorsque Renoir présenta le chèque qu'il était venu toucher, l'employé refusa de payer.

« Mais, protestait Gabrielle, puisque c'est Monsieur Renoir ! Même qu'il est décoré ! »

Et, ouvrant son porte-monnaie, elle en retirait une rosette d'officier de la légion d'honneur.

J'arrivais au même moment. Renoir tenait toujours le chèque à la main, mais il était surtout intéressé par une petite ouvrière qui attendait à un guichet voisin.

« Regardez donc, Vollard. C'est tout à fait le type de Marie, vous savez bien, quand elle avait encore son teint de pêche ! Je voudrais tant peindre cette peau-là. Vous ne pourriez pas voir un peu si elle consentirait à venir poser ? »

Gabrielle s'élançait déjà, mais Renoir la retint.

Il craignait qu'une trop grande précipitation ne mît en fuite la jeune personne.

Quant à moi, assez embarrassé sur la façon d'engager les pourparlers, je trouvai seulement à dire :

« Mademoiselle, je viens pour un bon motif !

— Quel bon motif ? me demanda la petite, méfiante.

— Ce Monsieur que vous voyez là-bas voudrait tirer votre portrait en couleur.

— Monsieur, je suis encore sage... »

Je l'assurai que sa vertu ne courait aucun danger.

« On dit toujours ça, pour commencer... Je vais voir avec « Grande Sœur »...

J'étais à l'atelier lorsqu'elle arriva, raide comme un pieu...

« Je ne ferai jamais rien de ça, me dit Renoir ; elle a avalé une barre de fer... »

Mais voilà qu'un modèle, qui arrangeait un chapeau, s'étant piqué le doigt, cria : m... Ce mot, apparemment, mit en confiance la nouvelle venue, car elle changea incontinent son maintien de jeune empalée en une pose pleine de naturel.

*
* *

Je voyais Gabrielle, un jour, contemplant à **son** doigt un diamant.

« Regardez, Madame, comme ça brille ! Ca vient de la rue de la Paix. C'est écrit dans la boîte !

— En effet, je n'ai jamais eu une aussi belle bague, » dit Madame Renoir, laquelle ne se souciait pas de posséder des bijoux.

Renoir regardait la bague avec attention, ce qui n'était pas sans m'étonner.

« Voyez donc, Vollard, on ne sait même plus monter une pierre aujourd'hui ! »

Et s'adressant à Gabrielle :

« C'est encore E... qui vous a donné cette bague ? Voilà ! j'ai ajouté en supplément son petit garçon dans le tableau qu'il m'avait commandé et c'est vous qui avez eu la bague !... »

Et se mettant à rire :

« Vous ne trouvez pas, Vollard, que je suis en train de faire comme ce peintre hollandais, le Van der... Chose enfin, qui, ayant peint un *Pâturage* avec un mouton de plus que le nombre convenu, et ne pouvant pas arriver à se le faire payer en sus, l'avait effacé avant de livrer son tableau ! »

Madame Renoir était la seule qui se préoccupât du « devenir » de la bague.

« Que voulez-vous en faire, Gabrielle ? Vous allez la perdre, et ça vaut pas mal d'argent.

On m'a même dit en me la donnant, répliqua Gabrielle, que si je la rapportais au marchand, il me la reprendrait pour mille francs !

— Ah ! j'en suis bien aise pour vous, Gabrielle ! Il faut courir rue de la Paix ; vous placerez cet argent à la Caisse d'épargne, ou bien vous achèterez une vigne dans votre pays. »

Mais Gabrielle :

« Je n'ai pas confiance dans le Gouvernement. Je me méfie aussi de la vigne : il y a trop de maladies sur cette plante-là ! Et puis c'est si joli à regardei un diamant ; comme ça étincelle ! »

Et, la bague au doigt, Gabrielle se remit à frotter les meubles...

C'est que la prévoyance n'était pas la qualité maîtresse de Gabrielle. Un jour, aux Collettes, elle fait entrer deux chemineaux dans la cuisine et leur coupe de larges tranches de pâté.

« Mais vous n'y pensez pas, Gabrielle, dit Madame Renoir. Après, ils n'auront pas de plaisir à manger leur pain et leur fromage, et ils ne trouveront plus de pâté. »

En quoi Madame Renoir se trompait. Les vagabonds revinrent au milieu de la nuit dans la cuisine, qui fermait avec un simple loquet, et mangèrent le reste du pâté. Mais, comme c'étaient de bons bougres, ils ne mirent pas le feu à la maison en s'en allant.

*
* *

Un soir, Mme Edwards était venue chercher Renoir pour lui faire voir les ballets russes. Renoir était déjà pris par les rhumatismes et pouvait à peine marcher.

Il va sans dire qu'on ne demanda pas au peintre de se mettre en habit : il n'aurait pas été, même pour voir des ballets russes, jusqu'à s'affubler d'un costume qu'il trouvait ridicule et gênant.

Mais on imagine la surprise dans la salle en voyant, au premier rang, dans une loge, quelqu'un en veston gris, avec une casquette de cycliste...

A un moment donné, la porte de la loge s'ouvrit : c'était Gabrielle.

« Là-haut, où l'on m'a mise, je vois mal. Ici, je serais mieux ! On ne peut pas dire que je suis tape-à-l'œil, n'est-ce pas ?... »

Et Gabrielle, en robe noire montante, prit place à côté du « patron ».

*
* *

Si Renoir prend ses modèles parmi ses bonnes, c'est qu'il ne déteste rien tant que le modèle « professionnel ».

Et quand un modèle lui est bien « entré dans le pinceau », c'est une gêne pour lui d'en changer. L'âge même lui est indifférent. Un jour, il s'était emballé sur une belle fille qu'il voyait pour la première fois.

« Je vais peindre un nu épatant ! »

Il exécute son tableau, mais la pose était décidément trop rigide. Prenant une autre très jolie fille, il repeint un deuxième nu sur le premier, mais cela ne le satisfait pas encore.

« De guerre lasse, me dit-il, je vais retourner chercher Louison... Ce qui m'embête, c'est qu'elle n'a plus de fesses... plus de tétons, et ce ventre qui tombe... Quand je pense, la première fois que je l'ai rencontrée sur le boulevard de Clichy, avec un petit ruban bleu au cou... Il y a trente ans de ça ! Quelle ligne de ventre !... » Et Renoir reprend Louison, retrouve la ligne de ventre sous l'empâtement des chairs et fait son plus beau nu.

Gabrielle posa un très grand nombre de fois, soit seule, soit tenant dans ses bras Jean et, plus tard, Claude. Elle figure également dans le grand tableau de *La Famille.*

Un jour, je vois Gabrielle dans l'atelier, avec, sur la tête, un bonnet phrygien, les cheveux lui tombant dans le dos.

Renoir. Regardez, Vollard, comme elle ressemble

à un garçon ! Depuis toujours, je voulais faire un *Pâris*, je n'avais jamais pu trouver de modèle. Quel Pâris j'aurai là ! »

Et, en effet, il a fait, avec Gabrielle, quelques dessins et deux ou trois toiles représentant *Pâris offrant la pomme à Vénus*. C'est ainsi que ces recherches l'ont conduit à faire son bas-relief du *Jugement de Pâris* et une grande statue : *Vénus victorieuse*.

Toute sa vie, la sculpture l'avait tenté. De mon côté, je lui demandai, un jour, devant un *Nu*, pourquoi il ne ferait pas de la sculpture.

« Je suis bien trop vieux, » me répondit-il.

Mais quand Renoir avait une chose en tête...

*
* *

Un jour que j'étais avec Renoir à l'atelier, il me parlait des surprises que l'on peut avoir au déshabillage du modèle. Des femmes que l'on croit bien faites et qui ne donnent rien, à côté d'autres très « toc », qui, une fois nues, deviennent des déesses.

A ce moment, on sonnait à la porte de l'atelier.

Un modèle venait se présenter : un vrai paquet ! Elle se tenait devant Renoir, les mains dans les poches de son tablier :

« Monsieur, « je fais » les Halles, mais le turbin ne va pas, rapport aux « Mœurs » et à la concurrence des femmes mariées ! Alors, comme on m'a dit que le métier de modèle était un bon métier...

— Eh bien, on verra ça un jour, fit le peintre pour s'en débarrasser.

Et Renoir, quand elle eut disparu :

« Je ne suis pas difficile, mais tout de même il y a des limites... »

Mais voilà qu'on entend une toux discrète derrière un paravent, au fond de l'atelier, en même temps que la tête du futur modèle se montrait.

« Qu'est-ce que vous faites là ? s'écrie Renoir.

— Eh bien, Monsieur, vous m'avez dit qu'on verrait ça ; je me suis déshabillée... »

Je laissai Renoir. Le lendemain, étant retourné à l'atelier, je trouve le peintre à son chevalet...

« J'attends le modèle : vous savez bien, la femme que vous avez vue hier.

— Moi. Cette horreur !...

— Renoir. Une horreur ?... C'est Vénus elle-même !... »

*
* *

Depuis quelques années, Gabrielle avait quitté le « patron », et, de même, la mère Machin, qui était devenue concierge. Un jour que je passais à Montmartre, je rencontre cette dernière qui prenait le frais devant la porte de « sa » maison.

« Votre immeuble a l'air bien convenable, lui dis-je en manière de compliment.

— Non, Monsieur... La maison manque de comme-il-faut. La petite dame du sixième fait cocu son mari, un homme très bien, ma foi ; le vieux du premier est un satyre ; le locataire du troisième a lâché sa femme... Oui, Monsieur !

— Et Gabrielle, demandai-je, l'avez-vous revue ?

— Non, Monsieur... Gabrielle habite Athènes, une petite ville très bien... Et on dit dans le quartier que Gabrielle a une bonne et un manteau de velours... Oui, Monsieur ! »

XXI

RENOIR ET LES AMATEURS

Rien « n'embête » plus Renoir que de vendre sa peinture. Ce n'est pas qu'il tienne outre mesure à la garder : mais il faut revoir les toiles, boucher les blancs, signer...

Lorsque Sacha Guitry vint lui demander de se laisser prendre avec un appareil cinématographique (j'aurai à parler de son incapacité à rien refuser) :

« Si je pouvais, lui dit Sacha, vous avoir le pinceau à la main ! »

Renoir avait justement un tableau à signer. Il le fait mettre sur le chevalet et fait apporter sa boîte à couleurs.

Du fond de la pièce, je le voyais agiter le pinceau sur la toile... Lorsque l'opérateur eut cessé de tourner, Renoir tendit la main au petit Claude pour qu'il lui détachât le pinceau des doigts.

« Mais, papa, tu n'as pas signé le tableau ?... »
Alors, Renoir :

« Ce sera pour une autre fois...

— Moi. A voir les mouvements de votre main, je pensais que vous aviez signé deux fois plutôt qu'une ?

— Non, fait Renoir ; j'ai ajouté une petite rose... »

Et lorsque Renoir se décide à donner le dernier coup à ses toiles et que les marchands croient enfin les tenir, voilà qu'entre en scène l'Amateur... Comme Renoir a la réputation de ne pas vouloir vendre « directement », ledit amateur, pour avoir un pied dans la place, commencera à solliciter le portrait de sa dame ou de sa demoiselle, — beaucoup plus rarement de son petit garçon, car les enfants mâles en peinture sont d'une vente moins avantageuse.

« Si vous saviez, Monsieur Renoir ! Depuis tantôt trois ans, ma femme économise sur ses toilettes pour avoir de vous son portrait dans votre « nouvelle manière ». Elle vient de briser sa tirelire et y a trouvé trois mille francs !... Certes, pour ce prix, nous n'oserions pas rêver un portrait à l'huile !... Mais un simple pastel nous rendrait si heureux ! »

Et en demandant un pastel, on sait bien qu'avec ses doigts paralysés Renoir ne peut plus manier des crayons de pastel, et qu'après avoir « traité » pour un dessin, de soi-même, il prend une toile et des pinceaux.

Dois-je ajouter que, lorsque le coup a réussi, la dame ne manquera pas d'arriver en grand décolleté : plus on montre de peau, plus la toile vaudra cher... Sans compter qu'il y a des chances qu'elle vienne accompagnée de « sa fillette » (il n'est pas sans exemple que celle-ci ait été empruntée à une amie), et une nouvelle « campagne » s'engage pour obtenir que l'enfant soit peinte avec la « mère » ...

Pendant qu'on fait ainsi le siège du peintre, on peut penser si les marchands sont loin de son esprit, et ils ne peuvent même pas se rappeler à lui, car la première condition pour un marchand d' « attraper » quelque chose à Renoir, c'est qu'on ne l'embête pas. Et comme les bonnes, pour n'avoir pas à se déranger, laissent la clef sur la porte, s'en remettant à la cuisinière du soin d'opérer le « filtrage » des arrivants, si la « Grande Louise » est occupée à surveiller le fricot, les « amateurs » entrent comme dans un moulin.

Enfin, quand les marchands ont eu la chance pour eux, quand les lots sont faits et signés, Renoir, avec un peu l'air de donner sa malédiction :

« Allons ! emportez ça... »

Et, sans même avoir besoin de regarder les toiles qu'on vient de « décrocher », c'est toujours la même phrase :

« Monsieur Renoir, une autre fois, comptez-moi plus cher, et donnez-m'en plus !

— Vous n'aimez pas, hein, que je vende aux amateurs ?

— Puisque nous vous offrons de payer plus cher qu'eux... »

Alors Renoir, qui ne s'est jamais laissé impressionner par l'argent :

« Attendez donc un peu ; au train où ils vont, ils seront vite gavés... »

Mais l'amateur n'est jamais gavé, un tableau n'étant pas autre chose pour lui qu'un titre en portefeuille... Que Renoir se « refroidisse » à son égard, vite il lancera à l'assaut du peintre d'autres « amateurs » qu'il engage à son compte.

On arrive chez Renoir avec les mêmes idées que lui en politique, en religion, en littérature, — en exagérant même au besoin : tel qui, un jour, a cru répondre à la passion du peintre pour Dumas, en mettant la *Dame de Monsoreau* au-dessus de l'*Iliade* ! — Et celui-là qui, en outre de ce bagage d'opinions « renoiresques », jugeait qu'il pouvait opérer avec encore plus de profit en montrant une connaissance approfondie de la « manière » du « Maître ». Il apportait une toile dont il avait pris soin d'effacer la date et la signature :

« Monsieur Renoir, voilà un tableau de vous non signé ! Je l'ai trouvé au « marché aux puces ». Dès que je l'ai vu, je me suis écrié : Un Renoir ! Et je mettrais ma main au feu qu'il a été peint en telle année. »

Et Renoir ayant confirmé le dire de « l'amateur », ayant resigné et redaté la toile, que de remerciements avec la petite pointe d'émotion :

« Ainsi donc j'ai pu parvenir jusqu'à Renoir !... Vous m'autorisez à dire Renoir ? L'habitude qu'on a de dire le Titien, Vélasquez, Watteau !... (Un bon « démarcheur » doit connaître les goûts de sa victime, et notre homme n'ignore pas que le Titien, Vélasquez, Watteau sont les dieux de Renoir, comme aussi il n'est pas sans savoir que si, au lieu de dire « Renoir », il avait donné du « Maître », il se serait fait marquer un mauvais point.) Depuis que j'avais trouvé ce tableau, je ne faisais qu'aller et venir de chez moi à chez vous, mais, arrivé, à la porte, le courage m'abandonnait. Une fois, je suis monté jusque sur votre palier... Au moment de sonner, je suis redescendu. Aujourd'hui, j'ai pris mon courage à quatre mains, tout en me disant : « Je connais quelqu'un qui va se faire joliment « mettre à la porte !... »

Comment mettre à la porte un si brave homme ?... Et « l'amateur » parle, avec des larmes dans la voix, du bonheur de sa femme s'il pouvait revenir un jour chez lui avec un autre Renoir, et c'est le coup du portrait :

« Vous me permettez d'amener ma femme avec moi. Depuis qu'elle a vu une exposition de vous chez Durand-Ruel, elle n'en dort pas ! « Si je

« pouvais avoir mon portrait par Renoir !... » J'ai beau lui répéter : « Mais tu dégoûteras peut-être « M. Renoir quand il te verra !... »

Et, très gêné à la pensée que cette « pauvre femme » puisse s'imaginer qu'elle le « dégoûterait », Renoir finit par accepter la présentation, en souhaitant seulement que la pénitence ne soit pas trop dure ; que le modèle ne soit pas vieux et ait une peau qui ne « repousse » pas la lumière... Est-il besoin de dire que ce sont là de vaines craintes ? On lui amène tout ce qu'il y a de mieux comme « blond », ce « blond » que Renoir aime tant à peindre !

Mais ces habiletés n'égalent pas l'astuce d'un Chinois qui écrivit à Renoir quel serait son bonheur « céleste » s'il pouvait obtenir un simple trait du « Maître » (Renoir supporte plus facilement « Maître » par écrit qu'en paroles), pour la modeste somme de...

Renoir lisait à haute voix. Arrivé là, et avant de tourner la page :

« Vous verrez, Vollard, qu'on m'offrira trois cents francs. Mais pour avoir une toile en Chine... »

C'était cinq cents livres sterling que proposait le « compère ». Et Renoir lui donna pour ce prix une toile dont il avait refusé le double.

* *
*

« Quelle sympathique figure, cet homme qui sort d'ici ! » disais-je un jour à Renoir.

On était venu apporter au peintre la plus merveilleuse bordure Louis XIV :

« Un cadre qui me vient de famille... Ce portrait de ma femme que vous m'avez promis, comme il ferait bien là dedans... »

Il avait été convenu d'une toile plus petite, mais Renoir n'en est pas à ça près.

« Oh ! celui-là, Vollard, je trouve de plus en plus que c'est un second Monsieur Chocquet ! »

Le lendemain, j'étais chez un antiquaire. Je vis le même amateur entrer avec le même cadre « familial ».

« Je vous rapporte le cadre que j'avais pris pour faire voir... »

Comme Renoir est à jamais cloué dans son fauteuil par ses rhumatismes, « l'amateur » ne courait pas le risque d'avoir la visite du peintre venant juger de l'effet de sa toile dans le cadre. Mais on ne pense pas à tout... La surprise de Renoir fut grande lorsque, peu de temps après, il trouva dans le catalogue d'une vente le portrait qu'il s'était laissé arracher par le « second » M. Chocquet.

XXII

UNE FIGURE DE « GRAND AMATEUR »

A côté des « amateurs » toujours à courir après
la bonne affaire, et sans parler de certains « types »
comme les Chocquet, les de Bellio, les Caillebotte
(pour ne citer que les morts), qui aiment les tableaux qu'ils achètent, — il existe une « espèce »
de collectionneurs qui, nonobstant leur indifférence invincible, voire leur dégoût, pour les arts,
ont des collections, comme d'autres ont des écuries
de courses. A cette classe de « grands amateurs »
appartenait, notamment, M. Chauchard, lequel,
soucieux d'affirmer jusqu'au bout ses millions,
avait demandé qu'on portât devant son corbillard
celui de ses tableaux qui avait coûté le plus cher...
Mais ce « grand amateur » est mort avant que la
peinture de Renoir eût atteint des prix assez
élevés pour être admise à figurer dans « ses galeries »,
de telle sorte que je me trouve empêché de parler
de M. Chauchard. Par contre, le comte Isaac de
Camondo a sa place ici, non parce qu'il a possédé

quelques Renoir, achetés d'ailleurs à contrecœur, mais à cause de ses efforts pour arriver à goûter cette peinture.

Vers 1910, je vis entrer chez moi le comte Isaac de Camondo. Je m'imaginais que le célèbre collectionneur avait été « raccroché » par un *Nu* de Renoir exposé à la vitrine de mon magasin, mais c'était un dessin de Degas qui me valait sa visite. Il examina le Degas, d'un air ennuyé, et m'en demanda le prix, entre deux bâillements. Pendant que j'enveloppais le dessin, — qu'il avait fini par acheter :

« Et ce *Nu* de Renoir ? » hasardai-je...

En même temps, je retournai le chevalet qui supportait la toile. M. de Camondo avait reculé de deux pas :

« Si « votre » Renoir était plus jeune, peut-être pourrait-il se guérir de cet excès de couleur, et apprendre à dessiner ; mais, lorsqu'un peintre, à soixante ans passés, dessine un bras comme ça, une cuisse comme ceci... et regardez-moi la couleur de ces joues !... (Et, du bout de sa canne, il indiquait des parties de la toile.) Et puis, savez-vous ce qui manque encore à Renoir ?... La *tradition* ! On sent que cet homme ne doit pas aimer le Louvre ! Ce n'est pas comme son « homonyme » le dessinateur Renouard, que j'ai rencontré, l'autre jour, au musée, en contemplation devant un Holbein. »

Je me trouvais, précisément, avoir des choses de ce Renouard-là, notamment un *Camérier du pape,* que je montrai à mon client, avant des dessins de Degas qu'il avait désiré voir.

« J'ai des Degas beaucoup plus importants, » fit M. de Camondo en regardant avec attention le Renouard, et en se remettant à bâiller. Cette fois, il n'était pas difficile de deviner que, par ses bâillements, M. de Camondo cherchait à simuler l'indifférence, encore que je n'arrivasse pas à m'expliquer pour quelle raison il me parlait de ses Degas quand je lui présentais un Renouard...

Je n'en voyais pas moins tous mes Renouard vendus... Et tendant la main vers un casier :

« Je n'ai pas que ce dessin-là du Renouard qui sait dessiner ! »

Le bâillement s'arrêta net, et le visage de M. de Camondo revêtit une expression de mécontentement. Malgré la signature, comme aussi malgré le sujet du dessin, il avait pris le Renouard pour un Degas.

Pour parler d'autre chose, je demandai à M. de Camondo s'il avait toujours goûté l'impressionnisme.

« Non, certes ! De vieilles traditions de famille avaient fait de moi, dès ma jeunesse, un classique à tous crins. Encore que je sois maintenant dans le moderne jusqu'au cou, je ne puis me défaire de mon admiration pour les œuvres que nous ont laissées nos pères *, telles nos grandes cathédrales, et même les moins célèbres de nos églises, comme Saint-Germain-l'Auxerrois ! Combien de fois me suis-je arrêté devant, en allant au Louvre, ou encore lorsque mon ami Frantz Jourdain m'emmenait voir sa Samaritaine ! Frantz Jourdain avait beau me pousser amicalement par le bras, mes jambes prenaient racine devant le vieux monument.

« Et cette parenté de l'ancien et du moderne si réelle, encore que longtemps mystérieuse pour moi, dévait-elle se révéler pleinement, la fois où, Frantz Jourdain m'entraînant sur les toits du Louvre, du même coup d'œil je surplombai Saint-Germain-l'Auxerrois et la Samaritaine...

« Pour en revenir à l'impressionnisme, j'en ai eu la première révélation, il y a quelques années, chez une princesse de mes amies, en contemplant, des fenêtres d'un château Henri II, un effet de soleil couchant sur un étang. J'avais précisément emmené avec moi Frantz Jourdain ; je lui avais promis depuis longtemps de le présenter à une authentique princesse. Sur ses indications, le premier valet de pied de mon aimable hôtesse

---

* M. de Camondo avait un tel goût pour la culture française, qu'il en arrivait à oublier son origine turque.

apporta un cadre Louis XVI du plus pur style, que Frantz Jourdain voulut lui-même tenir entre les montants de la fenêtre ; et, en prenant le recul nécessaire, la portion de l'étang découpée par le cadre me fit l'effet d'un tableau impressionniste ! A peu près vers le même temps, j'eus l'occasion de voir, à mon cercle, des toiles de La Touche, qui me rappelèrent, avec quelle vérité ! ma vision de l'étang.

— Moi. La Touche ?...

— M. DE CAMONDO. ... Un « grand moderne » ! ainsi que l'a écrit je ne sais plus quel critique. Et c'est par La Touche que je suis arrivé à Monet, comme j'ai commencé par aimer Saint-Saëns avant de comprendre Wagner. « On ne parvient « pas à la Mecque en un jour, » dit le proverbe turc. Et, une fois entré dans l'impressionnisme, je n'ai plus éprouvé le besoin d'en bouger ; mais encore faut-il que l'impressionnisme reste de la peinture ; or, il n'y a pas de peinture sans dessin ! »

En jurant qu'il ne pourrait jamais avoir des Renoir chez lui, M. de Camondo oubliait que, suivant un proverbe — qui n'est pas d'origine turque — on ne doit pas dire : « Fontaine, je ne boirai pas de ton eau. »

Il arriva un moment où l'art de Renoir commença à l'inquiéter. Il ne s'agissait plus de déterminer si Renoir savait ou ne savait pas dessiner, mais si une collection d'impressionnistes pouvait être complète sans des Renoir. Il faut rendre cette justice à M. de Camondo : il savait, au besoin, faire le sacrifice de ses goûts personnels, s'il reconnaissait que certains noms étaient nécessaires à une grande collection.

« Je finirai par acheter quelques échantillons de ce que ce Renoir a fait de plus fou ! » déclarait-il, un jour, à un de ses familiers, qui en resta coi.

M. de Camondo expliqua son plan :

« Quand j'aurai réussi à regarder ce vitriol en face, je pourrai avaler n'importe quoi ! » Les Renoir « fous » furent achetés *. Cependant M. de Camondo ne parvenait toujours pas à « digérer » leur excès de couleur, joint à une telle absence de dessin...

« Si vous essayiez, lui insinuai-je, un jour, d'une autre tranche de l'œuvre de Renoir ?

— Mais pas des 1900, ni même des 1896 ! » protesta M. de Camondo.

Je lui suggérai un magnifique « 89 », le *Portrait de Madame de Bonnières.*

« Je ne veux pas non plus des 89, car c'est en plein l'époque aigre, cette époque dont un célèbre critique d'avant-garde a dit : « Ces Renoir-là sont « des fruits qui n'arriveront jamais à maturité. »

* Les Renoir de la Collection Camondo au Louvre.

Mais j'ai décidé d'avoir des Renoir ; trouvez-moi donc de bons 70, même des 65, — des Renoir « femme », bien entendu ! Prenez garde aux mains ! Pas de ces mains de cuisinières, comme il aime tant à faire. Et attention aussi au genre de robe, et soignez bien, dans votre choix, le côté *morbidesse* ! Il va de soi, n'est-ce pas, que ce ne devra pas être des Renoir trop Renoir ! Ayez toujours présent à l'esprit que ce sera pour être donné au Louvre, plus tard !... Je ne vous empêche pas de descendre jusqu'aux 1860 ! Ce que je veux avant tout, c'est un peu de dessin.

— Moi. Je connais un 1858 d'un fini extraordinaire, le premier tableau que Renoir a peint !

— M. DE CAMONDO : Un Renoir *Femme* ?

— Moi. Non, un Renoir *Nature Morte*.

— Pas de nature morte ! Je viens encore de refuser un *Poisson* de Manet... Il n'y a plus de place dans ma salle à manger... Vous ne pourriez pas savoir habilement de Renoir s'il n'existe pas, de son ancienne manière, un *Nu* de grande dame ? Je sais bien que ces dames du Faubourg ne sont pas...

— Toujours très appétissantes, allais-je continuer, lorsque M. de Camondo ajouta :

— D'un abord facile !... J'ai ouï dire pourtant que Renoir était reçu chez un parent de Rothschild !... Vous avez quelque chose à me dire ? »

J'allais, en effet, parler...

« Ne pourrais-je pas vous soumettre des œuvres de jeunes ?

— M. DE CAMONDO (avec un sourire). Je vous vois venir ! Et vous n'êtes pas le seul ! Tout le monde semble s'être donné le mot pour me dire : « Puisque vous allez, de préférence, aux œuvres « de jeunesse des grands peintres, pourquoi n'ache- « tez-vous pas des œuvres de peintres jeunes « actuellement ? » On devrait pourtant savoir que je ne puis pas admettre dans mes galeries des choses encore discutées. Je sais bien ce que vous allez m'objecter : « Et la *Maison du pendu* de Cézanne ? » Eh bien, oui, là, j'ai acheté un tableau qui n'est pas encore accepté par tout le monde ! Mais je suis couvert : j'ai une lettre autographe de Claude Monet, qui me donne sa parole d'honneur que cette toile est destinée à devenir célèbre. Si, un jour, vous venez chez moi, je vous ferai voir cette lettre. Je la con- serve dans une petite pochette clouée derrière la toile, à la disposition des malintentionnés qui vou- draient me chercher des poux dans la tête avec ma *Maison du pendu.* »

Ajoutons que, plus tard, le comte de Camondo, désormais certain de ne pas se tromper sur les Cézanne, avec les prix qu'ils faisaient, en acquit quelques autres. Il en aurait acheté bien davantage, mais, chez Cézanne, c'était surtout le « naturiste mortier » qui avait la grosse cote, et l'on a déjà vu que M. de Camondo estimait qu'un tableau de nature morte était fait pour décorer une salle à manger. Et sa salle à manger était pleine de natures mortes.

M. de Camondo s'apprêtait à sortir ; il se retourna :

« Je veux tout de même faire quelque chose pour vos « jeunes ». Comme ils adorent Renoir, je vous autorise à dire que je vous ai demandé de me montrer des Renoir !

— Moi. J'ai déjà dit que vous aviez pris un Degas.

— M. de Camondo. Ah ! il ne faut jamais révéler mes achats sans ma permission ! Vous ne voyez donc pas que tout le monde a les yeux fixés sur moi, et que chaque fois que j'achète une peinture, ça fait monter le peintre, et me gêne pour mes acquisitions ultérieures... car ces marchands d'aujourd'hui sont d'un « sémitisme » !

« Mais si vous me promettez de ne pas dire les acquisitions que je fais, et aussi de ne pas me traiter en Arabe, je vous amènerai des amis. Tenez, pour commencer, je vais faire signe à ces deux-là qui passent sur le trottoir en face. Ils n'achètent jamais ; mais c'est toujours quelque chose qu'on voie dans votre boutique un baron et un marquis... »

Quand les deux personnages furent entrés :

— M. DE CAMONDO. Cela ne va pas, marquis ? Vous avez un air...

— LE MARQUIS. Il me tombe une de ces tuiles... Mon fils Jacques a hérité l'an dernier d'un million cinquante mille francs de sa mère. Croyez-vous que mon agent de change vient de m'informer qu'il ne reste plus à son crédit que trois francs quatre-vingt-cinq centimes !... Un enfant avec qui j'étais si tranquille ! Je lui avais donné, le jour de ses dix-huit ans, un petit *faire-valoir* pour le mettre en contact avec les réalités de la vie ; eh bien ! il obligeait ses trois vaches à se serrer le ventre quand le foin était cher !

— M. DE CAMONDO. Si, au lieu de faire la noce, il avait acheté de l'impressionnisme, en quelques années il triplait son million.

— LE MARQUIS. Vous savez combien je porte d'intérêt à la peinture claire ; vous ne m'avez jamais vu manquer une exposition de chez Durand-Ruel ; mais, là, franchement, j'aime mieux encore que tout cet argent soit allé à des cocottes qu'à des Renoir, des Manet, des Pissarro, des Monet, des Guillaumin, des Sisley... Vous avez observé tous ces gens qui achètent l'impressionnisme ? Notre ami F..., qui est devenu à ce point neurasthénique depuis qu'on craint une baisse sur les Sisley, que, par ordre des médecins, il va faire une vente de sa galerie *. Et l'autre, D..., cet air inquiet, même quand il parle de la hausse inespérée de ses Manet Mon Jacques a mangé un million, il a manqué d'en gagner trois... Mais, du moins, il est resté gai... Quand il me saute au cou et me dit : « Mon vieux papa, je t'aime bien ! » c'est toujours ses bons yeux, son front pur... »

Quelqu'un était entré, le vicomte de J..., que je reconnus pour avoir vu sa silhouette dans un album de Sem. Il serra la main au baron.

« Tous mes compliments, Philippe, pour votre *Pâté en croûte* à l'exposition de l'*Epatant*. Quel vécu !

---

* Différemment, l'amateur de la « mauvaise » peinture n'achète pas un tableau pour gagner dessus, il achète par amour et d'un amour qui se doublera de tellement de respect pour l'objet possédé qu'on a vu un patron de maison publique vendre son fonds pour ne pas avoir à rougir devant ses Bouguereau !

A l'étranger, on observe un phénomène inverse. Le fait d'acheter de la « mauvaise » peinture ne donnera pas l'élévation des sentiments, mais tel qui n'aura pas cessé d'être un vilain mosnieur en collectionnant Bouguereau devient un gentleman accompli s'il touche à l'impressionnisme.

J'ai connu un Munichois, grand collectionneur de Picot, de Delaroche, de Meissonier, de Bouguereau, et, avec cela, tous les vices... Je retrouve, au bout de quelque temps, un père de famille acompli, un mari modèle... Et comme je restais stupéfait :

« Oh, fait son épouse, Fritz, maintenant, achète Cézanne... »

— LE BARON. Avant de prendre mes pinceaux, j'étais allé étudier la manière de Bonnat dans son *Portrait de Coignet*. Avoir trouvé cette harmonie rouge et noir, un vermillon aussi ensorcelant, et quels bitumes profonds ! Et la sacrée armature qu'on sent sous tout ça !...

— LE VICOMTE DE J. Moi aussi, je suis très féru du dessin et de la couleur de Bonnat, encore que je reproche au maître, dans ses dernières œuvres, de sacrifier un peu trop à l'impressionnisme *. »

Le langage du vicomte de J... n'était pas sans m'étonner : n'avait-il pas acheté un Cézanne à la vente Théodore Duret, dix ans avant ?

A mes premiers mots là-dessus :

---

* C'était déjà la crainte de Coignet de voir Bonnat « mal tourner ». Une vieille demoiselle, la chevalière de Z..., évoquait un jour devant moi le souvenir d'un dîner où elle se trouvait avec Coignet :

« Le maître avait l'air de porter un mort en terre, et comme ses hôtes le pressaient affectueusement :

« J'ai fait un rêve affreux, chers amis... Je regardais mon élève favori, Léon Bonnat, faire un dessin sur un mur...

« Petit, lui disais-je, ton tuyau de cheminée n'est pas droit, « observe la nature... » — Et lui de me répondre : « Ce n'est « pas un tuyau de cheminée, c'est une *Tête* de jeune « Italienne... »

Et Coignet, à un des convives qui tournait vers lui des regards anxieux :

« Je vous dis, mon cher Abel de Pujol, que le modernisme nous guette. Si vous aviez vu « Léon », pas plus loin que ce tantôt, mettre sur sa toile un vermillon pur ! »

« Ce n'est pas moi, c'est la vicomtesse.

— Moi. Mais vous, monsieur le vicomte, comment trouvez-vous cette toile de Cézanne ?

— Le Vicomte de J. Je ne l'ai pas vue, la vicomtesse l'a dans sa chambre à coucher. »

*
* *

M. de Camondo me voulait décidément du bien. Il arriva, un jour, à mon magasin avec M. B..., un client « sérieux ». Les deux collectionneurs se rencontrèrent avec des « confrères » : le roi Milan de Serbie, un « éclectique » (il allait de Bouguereau à Van Gogh), et M. Sarlin, un amateur « spécialisé » dans les 1830 (les 1830 « de grande classe »). On lui avait dit, par erreur, avoir vu chez moi un Daubigny « avec canards ».

M. de Camondo (à M. Sarlin). On parlait au cercle de votre dernière acquisition : un Corot... Avec eau, cela va sans dire ?

— M. Sarlin (un peu gêné). Non, un Corot sans eau...

— M. de Camondo et M. B... (ensemble). Un Corot sans eau ?...

— M. Sarlin. Sans eau, il est vrai, mais d'un ton...

— Moi. La couleur fait passer sur bien des choses...

— M. de Camondo. Il faut prendre garde à la couleur... Quand on a une fois mis le pied dedans... »

Le roi Milan regardait avec intérêt une lorgnette en bandoulière, que portait M. B...

« Vous allez aux courses ? s'informa Sa Majesté... Vous avez des tuyaux ?

— Cette lorgnette, répondit M. B..., me sert à examiner les tableaux qu'on me soumet ! »

Devant une explication aussi imprévue, le roi Milan resta coi.

« Voilà ! continua M. B... En regardant la toile par le gros bout de la lorgnette, je juge mieux du dessin, par le rapetissement de l'objet... Je ne suis pas de ceux qui achètent avec les oreilles, moi... Il faut toujours penser à sa vente.

— Vous songeriez à réaliser ? s'enquit M. de Camondo.

— Cela va dépendre du mariage que ma fille fera un jour ! Ce n'est point que nous n'ayons pas de quoi la doter, si elle épousait un duc, un prince, voire un fils de roi... » (Ici une légère grimace se dessina sur la placide figure du roi Milan.) Mais, dans ce dernier cas, mes Renoir, mes Meissonier, mes Cézanne, mes Besnard, mes Rembrandt, ne me serviraient plus de rien... Vous ne me voyez pas, avec un gendre roi, obligé d'avoir une galerie de tableaux pour attirer du monde chez moi ! »

Avec une curiosité qui ne laissa pas de me surprendre, après la grimace que je venais d'observer, le roi Milan s'enquit discrètement de l'âge de la fille.

« Oh ! fit M. B..., la petite n'a pas encore fait ses dents ! Vous voyez que je n'ai pas fini de collectionner ! »

XXIII

RENOIR FAIT MON PORTRAIT

(1915)

J'avais déjà posé plusieurs fois devant Renoir.
Il avait fait d'après moi une lithographie et trois
études peintes dont une très poussée, où il me
représentait accoudé à une table et tenant à la
main une statuette de Maillol (1908).

Avec cela je croyais avoir mon compte. Mais
Renoir n'avait pas encore exécuté le portrait de
Bernstein (1910), cette toile dans une si extraordi-
naire harmonie bleue.

Depuis ce moment, mon plus vif désir fut d'avoir
un portrait de moi dans une pareille harmonie
bleue.

Renoir avait accepté, mais en y mettant une
condition : « Lorsque vous aurez un costume d'un
ton bleu qui me dise : vous savez bien, Vollard, ce
bleu métallique avec des reflets d'argent. »

Je me vouai donc au bleu ; mais, à chaque nouveau vêtement que je me commandais : « Ce n'est pas encore ça ! » me disait Renoir.

En 1915, j'étais allé passer quelques jours aux Collettes. Je ne pensais plus au portrait. Comme je traversais le champ d'orangers qui va de la route jusqu'à la maison :

« Hé, Vollard ! » m'entendis-je appeler.

C'était Renoir qui revenait du paysage, porté dans un fauteuil à bras par la « Grande Louise », et Baptistin, le jardinier. Le modèle marchait devant, avec la toile en train.

Les deux porteurs s'étaient arrêtés.

« N'allez pas si vite, Madeleine, cria Renoir au modèle ; je regarde mon tableau. » (S'adressant à moi :) « Voilà quinze jours que je n'avais pas pu sortir ; j'avais joliment besoin de me décrasser l'œil... Il me restait seulement quelques coups de pinceau à donner à ma toile ; je comptais commencer quelque chose avec Madeleine ; mais on avait oublié d'installer mon parasol. Quel magicien que le soleil ! Un jour, dans la campagne d'Alger, avec mon ami Lauth, nous apercevons tout à coup un personnage fabuleux monté sur un âne. Il s'approche : c'était un simple mendigot ; mais, au soleil, ses haillons étaient des pierres précieuses. »

Le modèle avait posé le tableau par terre, contre un arbre.

« Ce n'est pas mal, n'est-ce pas ? me dit Renoir, avec un petit clignement d'œil... Le malheur c'est que dans la lumière de l'appartement ma toile va être toute noire, mais quand ça aura « repassé » par l'atelier, avec une petite séance, tout le brillant que je lui redonnerai ! »

Quand nous fûmes arrivés à l'atelier :

« Vollard, appelez donc ma « médecine » !

Et devant mon air étonné :

« Je ne peux absolument pas m'habituer à ce mot d'infirmière !... Votre chapeau est épatant ! Il faut que je fasse quelque chose d'après vous... Asseyez-vous là sur cette chaise... Vous êtes dans un éclairage vraiment bizarre ; mais un bon peintre doit s'accommoder de tous les éclairages !... Vous ne savez que faire de vos mains ; tenez, vous avez là le tigre en carton de Claude, ou, si vous aimez mieux, ce chat qui dort devant la cheminée. »

J'optai pour le chat, et m'ingéniai à m'assurer les bonnes grâces de la bête que j'eus la chance, après quelques ronrons, de voir s'endormir sur mes genoux.

La « médecine » préparait la palette. Renoir disait les couleurs, elle pressait les tubes.

Une fois la palette prête, et comme l'infirmière allait lui glisser le pinceau entre les doigts :

« Et mon « pouce * » que vous oubliez ! » s'écria Renoir.

Je voyais déjà mon portrait compromis ; mais la « médecine » retrouva le « pouce » dans la poche de son tablier.

Renoir « attaque » toujours sa toile sans la moindre recherche apparente de mise en place. Ce sont des taches, encore des taches, et, subitement, de ce « barbouillage » quelques coups de pinceau font « sortir » le sujet. Même, avec ses doigts morts, il lui arrive, comme jadis, de faire une tête en une séance **.

Je ne pouvais détacher mes yeux de la main qui peignait. Renoir s'en aperçut : « Vous voyez bien, Vollard, qu'on n'a pas besoin de main pour peindre ! La main c'est de la « couillonnade » !

*
* *

A la différence de Cézanne, qui exigeait de ses modèles l'immobilité et le silence, Renoir permet aux siens de parler et de remuer. Il lui arrive de renvoyer des modèles parce qu'il les trouve trop immobiles à son gré. C'est dire que,

* Bande de toile roulée où l'on devait introduire le pouce du peintre.
** Le portrait de Wagner a été peint en vingt-cinq minutes. (Voir page 118.)

tout de suite, on s'était mis à causer. Soudain, des voix chantèrent sur la route :

Liberté, Liberté chérie,
Combats avec tes défenseurs !

— RENOIR. Les entendez-vous ?...

« Et cette même « liberté » qu'ils acclament, qu'ils gravent sur les monuments et inscrivent dans les livres, si vous saviez quelle horreur ils en ont au fond d'eux-mêmes ! Je demandais, un jour, à quelqu'un : « Mais dites-moi donc franchement ce « qui vous déplaît tant dans ma peinture ? »

« Il me répondit : « C'est qu'il y a là dedans une « liberté !... »

« Une autre fois, je voyais dans un journal, qu'à un certain congrès, le parti socialiste unifié avait rejeté « de son sein » un de ses « membres », malgré les protestations enragées de ce dernier.

« Je pensais, à voir cette résistance de « l'unifié » *, qu'il s'agissait d'un pauvre diable à qui on retirait le pain de la bouche ; mais voilà que j'apprends que c'était un socialiste riche et qui aidait le parti de sa poche ! Voyez un peu ! On lui rendait sa liberté, et le pauvre homme ne pouvait se faire à l'idée de n'être plus le domestique de personne !

---

* On ne peut savoir exactement ce que signifie « unifié ». Sous une étiquette qui implique unité de doctrine, on trouve des *majoritaires* et des *minoritaires*.

« Il n'y a que sous les « tyrans » qu'on ait jamais été libre ! Ce pape qui a trouvé tout naturel de laisser Raphaël peindre l'histoire de Psyché ; allez donc aujourd'hui, dans une commande de l'État, mettre l'histoire de la Vierge ! Tenez, l'autre jour, j'ouvre les *Fables* de La Fontaine que Claude avait rapportées du collège : eh bien ! dans *Le petit poisson deviendra grand*, au lieu de : *Si Dieu lui prête vie*, on avait mis : *Si l'on lui prête vie...* C'est vraiment agaçant ! Je vois partout écrit : *Liberté*, et immédiatement au-dessous : *L'instruction laïque est obligatoire...* Dans l'ancien temps, où il n'y avait pas de *Liberté*, il n'y avait pas d'instruction obligatoire ; et l'on savait parler français... et l'écrire... »

Renoir se mit à rire.

« Et, pour vous montrer quel dégoût tout le monde éprouve pour la « liberté », voyez nous-mêmes ! Lorsque nous avons établi le règlement de nos premières expositions, après avoir revendiqué, pour chacun, le droit de peindre à sa guise, nous décrétâmes, tout de suite après, qu'il était interdit d'exposer au salon officiel !... »

Un coup à la porte : c'était un médecin de Paris, de passage dans le Midi, qui venait dire bonjour à Renoir :

— « Il vient de m'en arriver une bien bonne ! nous dit-il. Un de mes malades, un « avarié », qui me déclare que, pendant tout le temps de la guerre, il ne veut plus être piqué au 606, attendu que c'est une invention allemande !...

— Vous croyez, vous, interroge Renoir, à tous ces remèdes modernes ?

— Si j'y crois ? c'est-à-dire que, si le 606 avait été trouvé de son temps, François Ier ne serait pas mort !

— Renoir. Je me rappelle un livre de mon ami G... sur le Louvre ; la façon dont il traitait François Ier ! « Ce satyre, ce bellâtre » ... Voyez-vous, ces républicains qui ne veulent pas que les rois couchent avec des femmes ! »

Il parut au docteur que les paroles de Renoir atteignaient le «régime»... Avec un regard de supériorité au peintre :

« Moi, je ne suis pas pour les curés ! »

— Renoir. A la première communion de Pierre, je voyais une femme qui venait de recevoir le Bon Dieu, elle s'en retournait à sa place, le chapeau de travers, butant dans les petits bancs, ne s'appartenant plus... J'ai compris le pouvoir des curés pour vous mettre dans des états pareils. Les francs-maçons, les protestants, toute la bande, enfin, voudraient bien choper les femmes aux curés, mais ils ne sont pas de force : de là leur rage... Et puis, moi, j'aime ce qui est net : les curés ont un costume, on les voit venir, on peut ficher le camp... Tous vos sacrés socialistes, avec leur veston comme tout le monde, on ne se méfie pas, et, quand ils vous tiennent, ils vous rasent à fond ! »

La porte de l'atelier s'était ouverte. Madame Renoir entra, un papier bleu à la main :

« Renoir, une dépêche de Rodin ; il est à Cannes. Il déjeunera avec nous ce matin. Tu sais que tu as à faire un portrait de lui pour le livre des Bernheim. Mais ce n'est pas pour cela qu'il vient. Il télégraphie qu'il arrivera vers midi et qu'il n'a que très peu de temps à rester. J'ai dit que l'on prépare l'auto ; je vais aller à Nice prendre un poulet, du foie gras, une langouste. Dans une heure je serai de retour. »

Et se tournant vers moi :

« Renoir aura beau dire, l'auto a du bon ! »

Le médecin s'était levé : « Je vais précisément à Nice, je profiterai de l'auto.

— MADAME RENOIR. Une lettre de la *Triennale*, Renoir, que j'allais oublier de te remettre. C'est sans doute pour que tu envoies à leur exposition *. »

* A l'exposition suivante de la *Triennale* (l'année de la mort du peintre, 1919), Renoir me dit : « Vollard, la *Triennale* organise une Exposition pour l'Amérique ; ils me demandent quelque chose. Ces pauvres gens m'ont nommé leur président d'honneur. Voulez-vous vous charger de leur faire porter ma statue de *Vénus* ? »

Lorsque j'arrivai au Grand Palais :

« Ces Messieurs sont en train de juger la sculpture, » me dit un gardien.

J'entrai dans une salle où derrière un bureau étaient

Quand nous fûmes seuls :

« Je suis sûr, me dit Renoir, que vous pensez comme ma femme... Mais songez que si l'on ne connaissait ni les autos, ni les chemins de fer, ni le télégraphe, Rodin serait venu par la diligence, j'aurais été prévenu un mois à l'avance, le poulet aurait été engraissé dans la basse-cour, le pâté fait ici ; pensez s'il serait meilleur que le carton peint que ma femme rapportera tout à l'heure de Nice ! Il ne m'arriverait pas non plus, comme l'autre jour, de trouver de l'acide borique dans l'intérieur

assises trois personnes. Sur une balance à côté on pesait des bronzes :

« Vingt-cinq kilogs.

— Accepté.

— Trente-cinq kilogs.

— A réviser.

— Quarante kilogs.

— Refusé.

— Combien pèse le Renoir ? demandent les trois juges ensemble.

— « Je crois dans les cent soixante-quinze kilogs.

— Cent soixante-quinze kilogs pour le transport en Amérique d'une seule statue ! se récrie un des examinateurs ; mais c'est cinq ou six camarades qui seraient sacrifiés avec la limite de poids que nous ne devons pas dépasser. »

Comme je m'en allais, le Président du Jury :

« Eh bien, voyez, je prends sur moi de faire une injustice. Nous irons pour M. Renoir jusqu'à soixante-quinze kilogs. » Et levant l'index : « Surtout n'allez pas le répéter, nous venons encore de recaler un « soixante-dix kilogs » d'un Membre de l'Institut ! »

d'une volaille... Et aussi, je ne serais pas, tout le temps, rasé par un tas de gens qui resteraient bien tranquillement chez eux, si nous vivions à une époque normale, à une époque sans chemin de fer, ni tramway, ni auto !

« Avec le tramway, Madame L... en a pour quarante minutes à venir de Nice chez moi. Et elle ne s'en fait pas faute, la « bougresse » ! (Imitant le parler du nez de Madame L...) : « Mon mari m'a « fait jurer, quand j'ai quitté Paris, de venir très « souvent vous voir !... » Chérie, va ! Et voyez-vous son toupet ! Cette bonne protestante qui blague la somptuosité des cérémonies catholiques !... Vous me connaissez, Vollard, je ne suis pas un sectaire ; mais, à me trouver en face d'un protestant, je deviens d'un catholicisme enragé ! Si vous aviez entendu Madame L... : « La religion protestante, « monsieur Renoir, a, au moins, cette qualité d'être « une religion simple !... »

« Une religion simple ! Elle avait trouvé ça, la bécasse !

— « Mais, Madame, que je lui fais, vous voulez dire, sans doute, une religion « terne » ? Le sauvage, on ne peut pas dire qu'il n'est pas simple, celui-là. Eh bien ! voyez avec quelles couleurs brillantes il s'habille ! »

« Et après m'avoir bien agacé avec sa « religion simple », ne voilà-t-il pas qu'elle se met à parler musique ! La musique de son ami B... Ce n'est pas ma faute, moi, si je n'aime pas la musique de littérateur.

« Gallimard, un jour m'emmena, à un opéra de B... Le lendemain, il vient me voir ; j'étais en train de peindre un *Nu*.

— « Et la musique de B... ? me dit Gallimard.

— « Eh bien, que je lui réponds, ça ne m'amuse pas autant que de peindre une fesse ! »

*
* *

« Cette pauvre cathédrale de Reims ! reprit Renoir. Quelle misère, ces anges décapités, qu'on voit dans les journaux ! Et le malheur, c'est qu'on va, après la guerre, reconstruire tout ça !... Il suffit de voir la façade de l'église de Vézelay, comme ils l'ont arrangée !...

« Prenez une colonnade gothique dont le motif est une feuille de chou ; eh bien ! je vous défie de trouver une seule des feuilles qui soit juste en face de l'autre et tournée pareillement. De même, pour les colonnes : aucune n'est jamais tout à fait en face de l'autre, ni exactement pareille. Pas un architecte moderne, à commencer par Viollet-le-Duc, n'a compris que l'esprit du gothique c'est l'irrégularité. Ils ont mieux aimé décider que ceux-là ne savaient pas. J'ai fait, un jour, pouffer de rire

un tas d'architectes en leur disant que le Parthénon était l'irrégularité même. J'avais dit ça au
hasard, mais je sentais bien qu'il ne pouvait en
être autrement. J'ai vu, plus tard, que j'étais
dans le vrai. Mais jamais un architecte ne voudra
admettre que la régularité doit être dans l'œil, et
non dans l'exécution. Il ý a, à Rome, une église
neuve Saint-Paul qui est ignoble parce que les
colonnes sont faites au tour. Quand on voit des
colonnes semblables au Parthénon, on est transporté de leur régularité ; mais, si l'on s'approche,
on s'aperçoit qu'il n'y a pas deux colonnes pareilles.
Cette irrégularité, on la retrouve dans tous les
primitifs, même en Chine et au Japon. C'est l'esprit
moderne et les professeurs qui ont inventé la régularité au compas...

« Avez-vous lu l'article de Pelletan qui propose
de faire reconstruire, par les prisonniers allemands,
une cathédrale de Reims toute neuve à côté de
l'ancienne ? Et, en lui-même, ce bon Pelletan est
persuadé qu'elle sera plus belle que l'autre !

« Je me rappelle, sur l'un des portails de la
cathédrale de Reims, deux prophètes, avec un
motif de feuilles au-dessus de l'un d'eux : quelle
étonnante fantaisie il y a là dedans ! Et, de chaque
côté de l'autre prophète, deux petites têtes ; quelle
grâce délicieuse !

« La richesse de ces portails, c'est à ne pas y

croire ! Cette matière lourde, rendue si légère, qu'on dirait de la dentelle ! Avoir pu donner à une masse pesante tant de richesse unie à tant de légèreté... Et si vous dites à tous les Pelletan de la terre qu'avec des milliards et encore des milliards on ne peut rien faire qui approche cela de loin, ils vous répondront en chœur :

— « Et le progrès ?... »

« Il y a, au milieu de tant de chefs-d'œuvre de la cathédrale de Reims, trois figures, la *Religion chrétienne*, la *Reine de Saba* et le *Sourire de Reims*. C'est d'une beauté qui vous affole ! C'est quand on voit des choses pareilles qu'on sent pleinement la tristesse et, par-dessus tout, la sottise de la sculpture moderne ! Tenez, ces chevaux sur le Grand Palais, qui tirent chacun de son côté, des chevaux fous ! C'est là-dessus, qu'on voudrait voir tomber une bombe, mais pas de danger que nous ayons cette veine !

« Et ces La Tour qu'on reproduit tout le temps à côté des choses de Reims ! Il suffit qu'un tableau ait souffert des Allemands pour qu'on en fasse tout de suite un chef-d'œuvre !

— Moi. Ce n'est donc pas un grand peintre, La Tour ?

— Renoir. Si vous voulez...

— Moi. La même chose que Nattier ?

— Renoir. Tout de même plus fort... Mais

c'est bien « rigolo » un peintre qui n'aimait pas faire des mains !... »

⁎

Je regardais une toile posée sur une chaise : il y avait plusieurs petits sujets peints côte à côte : des *Figues*, une *Tête au profil d'oiseau* et un petit *Nu* inachevé.

— RENOIR. Ce *Nu* commencé que vous voyez là, j'ai essayé ça avec un petit modèle que m'avait envoyé Madame Frey. « Je peux vous garantir, « m'écrivait-elle, que cette jeune fille est morale- « ment très bien. »

« Seulement quand elle se fut déshabillée, j'aurais accepté volontiers qu'elle fût « moralement » très mal, mais qu'elle eût des tétons un peu plus fermes ! Ce qui m'intéresse dans cette toile et qui fait que je l'ai gardée, ce n'est pas les *Figues*, ni le *Nu*, mais cette étude de *Tête de femme* : une étrangère dont j'ai fait plus tard un grand portrait.

« Cet air doux et cruel, c'est tellement ça ! Je n'ai pas pu le rendre aussi bien dans le tableau fini.

« Un détail amusant. Le mari de la dame ne faisait que dire :

— « Je voudrais que vous fassiez ma femme tout à fait *indime* ! »

« Alors, moi, je ne mets que deux doigts de nu au-dessous du cou.

— « Encore plus *indime*, » me dit le mari.

« Je supprime le peu de peau, et j'ajoute une collerette.

— « Mais, monsieur Renoir, je vous dis *indime*, *drès indime* : qu'on lui voie, au moins, une mamelle !... »

« Ah ! je n'ai plus d'huile. Tenez, Vollard, la petite bouteille dans le coin de ma boîte.

« J'ai beau y fourrer de l'huile, j'ai toujours peur que ce que je peins ne reste trop mince ! Quelle éternelle difficulté de faire éclatant et gras, pas maigre comme peignait Ingres ! Le temps a travaillé pour lui, mais quand il venait de faire ses tableaux, quelle impression désagréable on avait ! Ça vous entrait dans les yeux comme des lames d'acier !

— Moi. Avez-vous connu Ingres ?

— Renoir. J'avais douze ou treize ans lorsque mon patron, le faïencier, m'envoya un jour à la Bibliothèque Nationale prendre un décalque d'un portrait de Shakespeare pour être reproduit sur un fond d'assiette. En cherchant une place pour m'asseoir, j'arrivai dans un coin où se tenaient plusieurs messieurs, entre autres l'architecte de la maison. Je remarquai, dans le groupe, un homme court, rageur, en train de faire le portrait de l'architecte : c'était Ingres. Il avait à la main un bloc de papier, faisait un croquis, le jetait, en recommençait un autre, et enfin, d'un seul coup, il fit un dessin aussi parfait que s'il y eut travaillé huit jours !

« Quand Ingres était assis, il devait paraître grand, mais, debout, les genoux avaient l'air de toucher les pieds.

« Pour en revenir aux tableaux d'Ingres, je ne connais rien d'assommant comme son *Œdipe et le Sphinx*, et, par surcroît, il y a là une oreille... Une chose rudement belle, par exemple, le *Napoléon assis sur son trône* : quelle majesté ! Mais le chef-d'œuvre d'Ingres, c'est *Madame de Senones* : la couleur de ça... c'est peint comme un Titien. Seulement, pour bien le connaître, il faut aller à Nantes ; ce n'est pas comme tant d'Ingres que la photographie rend bien ; celui-là, il faut absolument le voir...

« J'aime beaucoup moins le *Martyre de Saint Symphorien* : il y a là dedans des choses très belles, mais il y en a aussi de très « toc ». C'est devant des œuvres comme celle-là, ou comme la *Thétis implorant Jupiter* (quel étrange tableau !), qu'on a pu trouver Ingres absurde : mais il ne suffit pas de dire d'un peintre qu'il est tantôt absurde, tantôt génial : il faut encore chercher pourquoi !

« Ingres, chose curieuse, c'est lorsqu'il se laisse trop emporter par sa passion qu'il peut sembler friser l'imbécillité. Ainsi, dans *Francesca di Rimini*, il a voulu mettre tellement de passion dans l'attitude du jeune homme, qu'il lui a démesurément allongé le cou. Et Dieu sait s'il savait dessiner un cou !... Le cou de *Madame Rivière* au Louvre ! Eh bien, dans *Roger et Angélique*, le cou de la femme... c'est au point que les gens vous diront : « Mais cette femme a un goître ! » C'est qu'Ingres lui a tellement replié la tête en arrière pour faire voir la douleur, qu'il lui a dérangé les muscles du cou ! Et l'on vient, après cela, vous dire qu'il peignait sans passion !

« Je vous disais que *Madame de Senones* était son chef-d'œuvre. Mais il y a aussi *La Source* : quelle chose délicieuse ! Voilà des petits seins qui sont jeunes, et ce ventre, et ces pieds, et cette tête qui ne pense à rien !

— Moi. Et le *Bertin* ?

— Renoir. Bien sûr, c'est magnifique, mais je donnerais dix *Bertin* pour une *Madame de Senones*. A côté de *Madame de Senones*, *Bertin* c'est du chocolat !

« Seulement, lorsque j'entendais Henner bêcher cette toile...

— Moi. G... me racontait que se trouvant chez Corot :

— « Papa Corot, lui demandait-il, que pensez-vous d'Ingres ? »

« Alors Corot :

— « Bien sûr, beaucoup de talent, mais il était dans une voie déplorable ; il croyait que la vie réside dans le contour, et c'est le contraire qui est vrai, car le contour fuit sous l'œil. »

— RENOIR. Vous avez entendu cet imbécile de Z... l'autre jour, qui, pour faire croire qu'il entendait quelque chose à la peinture, s'était mis à opposer Delacroix à Ingres !

— MOI. G... me racontait aussi que Delacroix, pendant qu'il faisait ses décorations de l'Hôtel de Ville, se promenant, un jour, avec Chasseriau, dans la salle d'Ingres :

— « C'est bien, c'est très bien, disait Delacroix. Il y a évidemment des défauts ; mon Dieu, c'est comme moi, c'est bien, mais c'est plein de défauts... Ah ! je me figure que, morts tous les deux, nous irons bien un peu au purgatoire pour ces défauts-là ; mais si on donnait pour tâche à Ingres de faire ma peinture, et moi la sienne, eh bien ! je parierais que c'est encore moi qui sortirais le premier... »

« Mais vous, monsieur Renoir, votre homme, c'est surtout Delacroix ?

— RENOIR. Par nature, évidemment, je suis porté vers Delacroix... Les *Femmes d'Alger*, il n'y a pas de plus beau tableau au monde. Comme ces femmes sont vraiment des Orientales... Celle qui a une petite rose dans les cheveux... Et la négresse ! C'est tellement un mouvement de négresse ! Ce tableau sent la pastille du sérail ; quand je suis devant ça, je m'imagine être à Alger. Mais est-ce une raison pour que je ne m'épate pas devant Ingres ? »

* * *

Renoir avait décidément renoncé à me peindre plus avant ce jour-là. Il avait entr'ouvert un journal qui se trouvait devant lui, mais le rejetant tout de suite avec colère :

« Allons ! bon, voilà qu'ils recommencent avec leurs sports ! Aujourd'hui, c'est le tennis...

« Comprenez-moi bien, ce n'est pas que j'en veuille particulièrement au tennis, mais je voyais, un jour, des jeunes gens qui se lançaient des balles : quel air niais et prétentieux ! De mon temps, on jouait au volant, au jeu de grâces, et s'il y en avait qui pratiquaient le jeu de paume, ils ne s'imaginaient pas faire quelque chose d'extraordinaire et se trouvaient très bien d'une raquette de trois francs. L'autre jour, le fils de mon ami C... qui demande à son père soixante-quinze francs pour une raquette de tennis !... Le plus épatant de tout, parlez-moi du jeu de bouchon ! Il vous force à vous baisser tout le temps, ça presse le foie et fait sortir les poisons. Mais si l'on s'avisait aujourd'hui de proposer de jouer au bouchon... Et encore si on n'avait pas dévoyé aussi les filles ! Je faisais, l'autre jour, le portrait d'une enfant de dix ans. Je cherchais à l'intéresser avec l'histoire d'un petit bossu qui se métamorphosait en prince charmant et épousait la fille du roi...

— « C'est pas vrai, me dit-elle. A quoi ça sert ?...

— « Alors, qu'est-ce que tu lis ?

— « Mais, monsieur Renoir, des choses qui instruisent : les *Oraisons funèbres de Bossuet... l'Art Poétique de Boileau*.

« Au fait, Vollard, remontrez-moi donc ce journal ; il m'a semblé qu'avant l'article sur le tennis, il y en avait un consacré à l'Art, avec un grand A. »

Mais à peine Renoir avait-il jeté les yeux dessus :

« C'est trop fort ! avec leur sacrée manie de faire écrire sur la peinture par les mêmes qui sont chargés de la chronique des chiens écrasés... Et puis allez donc leur dire que l'art, c'est une chose indéfinissable * et que si ça pouvait s'analyser ce ne serait plus de l'art ! »

---

* Lorsque Renoir sut que je faisais un livre sur lui : « Tout ce que vous voudrez, Vollard, mais, je vous en prie, pas un mot sur ma peinture : je serais moi-même bien en peine de l'expliquer.

— Moi. Monsieur Renoir, je rencontrais dernièrement V..., il venait de chez M... : « Je n'y comprends rien, me dit-« il ; une toile terminée, voilà qu'il change le fond... »

— Renoir. C'est comme moi, ma toile de baigneuses,

De nouveau, Renoir avait rejeté le journal. Il ne m'avait pas nommé l'auteur de l'article et sans doute ne s'était-il pas soucié de le regarder.

Je pus saisir à temps la feuille qui, tombée dans la cheminée, commençait à brûler, et je vis que l'article * était signé : Henry Bergson. Mais ce nom n'apprit rien à Renoir.

je marchais depuis quinze jours avec un fond rouge ; ce matin, j'ai essayé un fond bleu.

— Moi. On disait de Degas qu'il était l'éternel essayiste.

— Renoir. Nous ne sommes tous que ça. Et quand on vient me demander combien de manières j'ai eues !... »

— Moi. M. Georges Lecomte a trouvé quatre manières dans votre œuvre, et M. Camille Mauclair trois manières...

— Renoir!!!!!!

* « Quel est l'objet de l'Art ? Si la réalité venait frapper directement nos sens et notre conscience, si nous pouvions entrer en communication immédiate avec les choses et avec nous-même, je crois bien que l'Art serait inutile, ou plutôt que nous serions tous artistes, car notre âme vibrerait alors continuellement à l'unisson de la nature. Nos yeux, aidés de notre mémoire, découperaient dans l'espace et fixeraient dans le temps des tableaux inimitables. Notre regard saisirait au passage, sculptés dans le marbre vivant du corps humain, des fragments de statue aussi beaux que ceux de la statuaire antique. Nous entendrions chanter au fond de nos âmes, comme une musique quelquefois gaie, plus souvent plaintive, toujours originale, la mélodie ininterrompue de notre vie intérieure. Tout cela est autour de nous, tout cela est en nous, et pourtant rien de tout cela n'est perçu par nous distinctement. Entre la Nature et nous, que dis-je ? entre nous et notre propre conscience, un voile s'interpose, voile épais pour le commun des hommes, voile léger, presque

— Moi. Voilà qui vous plaira : je vois dans ce journal l'annonce d'un roman d'Anatole France.

— Renoir. Non... Il n'a pas la petite fleur bleue.

— Moi. Un que j'aime bien, J.-H. Rosny.

— Renoir. Un jour, en voyage, j'entends dire à côté de moi : « Est-ce que le train s'arrête ? J'ai envie de manger un petit gâteau. » A l'arrêt, je vois celui qui avait parlé revenir du buffet, tenant quelque chose pendu à une ficelle. A la façon dont il portait son petit paquet, je me dis : « C'est sûre-« ment un littérateur, » et voilà que j'entends appeler : « Par ici, Rosny ! »

Un ronflement d'auto. C'était Madame Renoir qui revenait de Nice.

Au même moment, la « médecine » vint prévenir qu'il était midi passé. Elle rangea les pinceaux et ferma la boîte à couleurs...

Derrière la « médecine » étaient entrés Baptistin et la grande Louise, avec le fauteuil à bras :

« Il faudra, me dit Renoir pendant qu'on le

transparent pour l'artiste et le poète. Quelle fée a tissé ce voile ? Fut-ce par malice ou par amitié ? Il fallait vivre, et la vie exige que nous appréhendions les choses dans le rapport qu'elles ont à nos besoins. Vivre consiste à agir...

. . . .

(Extrait du *Rire*, par Bergson ; Alcan, éditeur.

soulevait, que je me pénètre bien de Rodin ; j'ai déjà fait des choses d'après lui... Mais Rodin a une tête assez particulière...

— Moi. Lorsque Falguière fit le buste de Rodin :

— « C'est si difficile à rendre, disait-il, un visage dans lequel il y a, à la fois, du Jupiter et du chef de bureau ! »

— Renoir (à la bonne). Louise, faites-moi penser, ce marchand de pipes qui doit revenir... Encore un qui ne pourrait pas vivre sans avoir des toiles de moi ! Et quand je dis à l'autre... là qui me l'amène tout le temps : « Mais faites-lui donc comprendre « que ça m'embête de vendre... — « Oh monsieur Renoir, il est si bon ! »

« La bonté, moi, d'abord, je déteste ça ... Je rigolerais si mes toiles se mettaient à baisser *. — « Ce cochon de Renoir, avec l'argent que j'ai donné pour la peinture, tout le bois de bruyère ** que j'aurais pu avoir ! »

---

* Et même quand la peinture ne baisse pas... Un écrivain célèbre avait vendu ses Renoir achetés au peintre quelques mois avant. Les toiles avaient rapporté trois fois le prix payé. « Eh bien ! disait-il à un ami qui le félicitait, comme je n'ai pu rien produire de toute une année où je n'avais la tête qu'à la peinture, tout compte fait, c'est au bas mot 250.000 francs que cela me coûte d'avoir connu Renoir ! (*Note de l'Auteur.*)

** Bois très recherché pour la fabrication des pipes.

XXIV

LE DÉJEUNER AVEC RODIN

Comme on quittait l'atelier, une auto lança une note de musique.

C'était Rodin qui arrivait, un Rodin tout souriant.

— Renoir. Vous non plus vous n'avez pas pu « couper » à l'auto. C'est comme moi, je suis tout le temps à crier après, et puis je suis bien content de l'avoir quand il me faut seulement aller à Nice.

— Rodin. C'est l'auto d'une de mes admiratrices, la comtesse de X...

— Renoir. Une femme des plus remarquables, n'est-ce pas ?

— Rodin. Le cœur et l'esprit réunis. Pour vous citer son dernier trait : j'étais, ces temps-ci, avec la comtesse à l'atelier, je me faisais tailler les cheveux ; nous disions combien il fallait aller prudemment dans les restaurations de cathédrales et, en général, quand on touche à quelque chose qui est propriété nationale, lorsqu'un ministre de mes amis vint m'annoncer que l'État allait accepter ma « donation »...

— « Jules, s'écrie alors Bonne Amie, s'adressant au barbier, faites bien attention à ce que vous coupez ; le Maître va devenir propriété nationale ! »

Madame Renoir faisait voir à Rodin les portraits de Jean et de Claude tout petits.

— RODIN. Comme vous avez de beaux enfants, madame ! Avec quoi les avez-vous nourris ?

— MADAME RENOIR. Mais avec mon lait ! monsieur Rodin.

— RODIN. Quand on nourrit soi-même, les devoirs mondains ?...

— MADAME RENOIR (se retenant de rire). Nous pouvons nous mettre à table. Vous allez manger, monsieur Rodin, des olives des Collettes. »

Rodin tenait une olive entre le pouce et l'index.

« Voilà de quoi vivaient les Grecs ! Avec un morceau de pain noir, un fromage de chèvre, et l'eau du ruisseau voisin ! Les Grecs, qu'ils étaient heureux dans leur pauvreté, et quelles merveilles ils nous ont laissées ! Ce Parthénon !...

« Je crois bien que j'ai enfin découvert de quoi sont faits tous ces chefs-d'œuvre. Le secret des Grecs, c'est dans leur amour de la nature...

« La nature ! Et c'est en l'observant à genoux

que j'ai toujours sculpté mes plus beaux morceaux !..
On m'a souvent reproché de n'avoir pas donné de
tête à mon *Homme qui marche* ; mais, est-ce que
c'est avec la tête qu'on marche ?

— RENOIR. Vous avez vu les ballets russes ?

— RODIN. Quels danseurs que ces Russes ! J'en
ai fait poser un, sur une colonne... une jambe
repliée, les bras en avant. Je voulais faire un génie
prenant son vol... Mais, ce jour-là, j'avais l'esprit
ailleurs, je rêvais aux Grecs... Et, peu à peu, je
tombai dans le sommeil, ma boule de glaise entre
les mains. Soudain, je me réveille : mon modèle
avait quitté la pose... tout simplement !

« Où est-il le temps où l'artiste avait des droits !...
Qui donc m'a raconté cette histoire d'un sculpteur
de l'antiquité qui, voulant faire un Actéon déchiré
par les chiens, avait lâché sur son modèle une meute
affamée... Non, mais voyez-vous tout ce tapage
si j'avais fait seulement...

— RENOIR. Et le pape ? Est-ce que vous avez
été content de lui ? A-t-il bien posé ? »

Rodin, secouant la tête :

« Ce pape-là * ne comprend rien à l'art. J'avais
voulu attraper un petit bout d'oreille. Mais mon
modèle avait pris la pose qu'il trouvait le plus
avantageuse : impossible de rien voir de cette

* Benoît XV.

sacrée oreille ! J'ai bien essayé de me déplacer, mais, à mesure que je tournais, lui aussi tournait... Nous sommes loin de François Ier ramassant les pinceaux du Titien !... »

Rodin regardait un *Nu* accroché en face de lui. Tout à coup :

« Je comprends, Renoir, pourquoi vous avez fait le bras droit de cette femme plus gros que le bras gauche : le bras droit c'est le bras de l'action !

— Moi. Maître, me serait-il permis un jour de visiter votre ermitage de Meudon, et votre cellule de l'Hôtel Biron ?

— Rodin. Oui *... On n'ignore donc aucun

---

* On pense si, dès mon retour à Paris, je profitai de la permission qui m'avait été si gracieusement octroyée. Je rencontrai chez Rodin Madame de Thèbes, M. Camille Flammarion et la Loïe Fuller. Dans l'atelier, une jeune femme sans chapeau allait et venait comme chez elle.

« Voilà au moins deux ans, baronne, que je vous fais attendre, » fit Rodin.

Et, prenant un bonnet phrygien, il l'en coiffa :

« J'aurai à dessiner un jour un attribut pour ma *République*... »

Au milieu de l'atelier se dressait une statue entourée de linges. Rodin défit les bandelettes et je vis apparaître une femme nue intacte. Le sculpteur avait pris un marteau et un ciseau : il fit tomber les bras, la tête, les jambes.

Le Maître contemplait les débris qui jonchaient le sol :

« Et maintenant, il faudra trouver des titres pour tout ça ! Heureusement que je pense facilement. »

Il ramassa un morceau de ventre :

« Comme c'est beau !... Quel nom donner à ça ?

des détails de ma vie d'artiste ? Moi qui fuis tellement la réclame !

— Moi. On dit que, malgré tout votre génie, vous ne dédaignez pas de manier en personne le marteau et le ciseau, à l'instar des anciens tailleurs de pierre ! »

— Maître, osai-je dire, si vous appeliez simplement une tête, *tête* ; une main, *main* ; un ventre, *ventre* ; un pied, *pied*... Voilà un groupe de femmes nues, comment dire autrement que *femmes nues* ?

— Rodin. Sans doute, mais c'est trop à la portée de tout le monde d'appeler les choses par leur nom. Je trouvai d'abord, pour ces femmes nues, *Evocation*, et, en y réfléchissant, *La Musique*... »

A ce moment, une femme entrait, avec, dans les bras, un petit enfant. Elle se précipita, en versant des larmes, aux genoux de Rodin. Elle avait quitté la Sibérie à pied pour apporter au Maître le salut d'un groupe de déportés intellectuels. Un enfant lui était né en route... Elle le tendit à Rodin :

« Bénissez-le, Maître... »

Et Rodin imposa à l'enfant une de ses mains.

Mais voilà qu'un monsieur arrivait, avec un camion chargé d'un groupe en bronze : c'était un *Enlacement* qu'on venait demander au Maître d'authentifier.

« L'admirable bronze ! s'exclama Rodin.

— Le Monsieur. J'avais vu tout de suite que c'était un vrai...

— Rodin (vivement). Non, c'est un faux !... N'importe qui, connaissant un peu le métier, verra, tout de suite, à la finesse du grain, que c'est sur un plâtre qu'on a moulé le creux qui a servi pour la fonte. Or, c'est un *bronze* que j'avais remis comme modèle... L'*Enlacement* devait être exécuté en série pour l'Amérique, et le plâtre a l'inconvé-

Rodin passait sa main dans sa barbe :

« Quel plus beau rêve, pour un sculpteur, que d'attaquer lui-même la pierre et le marbre !

nient de mollir après qu'on a moulé dessus un certain nombre de fois.

— Moi. Ainsi, le vrai, c'est quand l'artiste a donné l'autorisation ; le faux, c'est quand l'artiste n'a pas autorisé ; il peut donc arriver qu'un faux soit plus beau qu'un vrai... Et l'amateur qui veut avoir du vrai, comment doit-il manœuvrer dans tout ça ?

— Rodin. Il doit m'apporter l'objet... Une seule fois, je me suis trompé, là ou il était vraiment impossible qu'on ne se trompât point. On vient me dire : « On a vu, dans un « magasin, quelque chose de vous, *Le Chaos*... » Je consulte ma Table des titres, je ne trouve rien. Je vais examiner la statue par acquit de conscience... Bref, je dépose une plainte, en faux et en dommages-intérêts, et voilà qu'on retrouve mon reçu... Oui, mais j'avais mis comme titre : *L'Envolée* !... »

Un jour, j'entendais un sculpteur faisant allusion à toutes ces statues vendues par morceaux appeler son « confrère » : le « marchand d'abats ».

Un intime de Rodin, à qui je rapportais le propos, m'expliqua comment tout ce « dépeçage » était, bien au contraire, la preuve de la plus haute conscience artistique : « La main ne peut aller aussi vite que la pensée... Avec un cerveau toujours prêt à enfanter, le maître, pour perdre le moins possible de ses conceptions, est contraint de lâcher les grandes machines pour s'exprimer en petites choses, qu'on agrandit ensuite. Or, il arrive que les différentes parties d'une statuette ne sont plus d'ensemble après l'agrandissement, encore que n'ayant rien perdu, en elles-mêmes, de leur perfection de lignes et de formes. »

— Moi. On dit aussi...

— Rodin (bonhomme). Voyons ça, qu'est-ce qu'on dit encore ?

— Moi. Que l'Institut a beau vous faire risette...

— Rodin (violemment). Ah çà ! pourquoi ne veulent-ils donc pas que j'entre à l'Institut ?

— Moi. Vos amis, Maître, vous aiment d'une amitié si jalouse...

— Rodin. Eh bien ! qu'ils m'aiment un peu moins, mais qu'ils ne m'empêchent pas d'être consacré ! C'est vrai cela, ils sont là toute une bande, les mêmes qui voulaient accaparer mon Balzac : « Maître, quand on a votre génie !... »

« Mon génie ! Quand on pense que, dans les ministères, aux enterrements, partout, un Saint-Marceau a le pas sur moi ! Vous verrez un jour Bartholomé lui-même... Et est-ce que Clemenceau m'aurait fait recommencer quatorze fois son buste, si j'étais de l'Institut ? »

Mais voilà que le petit Claude Renoir, se levant brusquement de table :

« Zut ! j'vas encore rater les fourmis ! »

Et, sans se soucier d'un : « Veux-tu te taire, Claude ? » de Madame Renoir, il quitte sa place, et se plantant devant Rodin, les deux mains dans les poches :

« Monsieur Rodin, vous ne venez pas voir travailler les fourmis ?

— C'est un petit fou, dit Madame Renoir, pendant que Claude, sans attendre la réponse de Rodin, gagnait la porte. A treize ans, il passe encore son temps à suivre les fourmis !... »

— RODIN. A treize ans, Michel-Ange s'était déjà révélé ; et c'est également à cet âge que j'ai fait mon premier modelage. Quelle chose difficile que la sculpture !... Si, de tout temps, il y a eu de grands peintres, quoi d'étonnant que la sculpture fût quasi défunte quand je suis arrivé ?

— RENOIR (à Rodin). Vollard m'a montré d'extraordinaires reproductions de vos aquarelles...

— RODIN. J'ai fait ça avec Clot. Quand il disparaîtra, celui-là, on pourra dire que c'est fini de la lithographie. Mais Clot a un genre d'esprit que je n'aime pas. L'autre jour, je le laissai seul avec ma boîte à décorations. Quand je revins, il se les accrochait sur la poitrine... Il y a des choses avec lesquelles on ne doit pas jouer.

— MADAME RENOIR. Aimez-vous les fleurs, monsieur Rodin ?

— RODIN. Oui, beaucoup ! Mirbeau m'a parlé d'un chrysanthème d'un mordoré unique, qui, dans la chambre mortuaire de la princesse de Y..., avait remplacé le buis ; et j'ai admiré, dernièrement, chez la vicomtesse de Z..., un œillet rarissime : il était noir comme l'encre et sentait très mauvais.

— MADAME RENOIR. Ici, il n'y a pas de fleurs

rares ; mais le jardin est bien joli tout de même. Les marguerites que vous voyez par la fenêtre, là, à côté du mimosa !... Je dois vous dire d'ailleurs que mon mari a une préférence pour les fleurs communes.

— RODIN. C'est comme Mallarmé ! Un artiste dont le verbe était si précieux et que j'ai vu en admiration devant un bouquet de fleurs des champs !

— RENOIR. A propos de Mallarmé, Madame Morizot, un jour que celui-ci lui lisait un de ses poèmes :

— « Écoutez, Mallarmé, si vous écriviez une fois comme pour votre cuisinière ? »

« Mais, fit Mallarmé, je n'écrirais pas autrement « pour ma cuisinière ! »

« Si certains poèmes de Mallarmé, continua Renoir, n'étaient pas de ma compréhension, combien l'homme était exquis, et d'une originalité ! Je me rappelle la simplicité délicieuse avec laquelle il parlait d'un certain élève nègre au collège où il était professeur d'anglais.

— « Je l'envoie chaque fois au tableau, écrire des mots à la craie, et vous ne pouvez pas imaginer la volupté que j'éprouve à voir un noir s'exprimer en blanc. »

— Je propose, dit Madame Renoir, qu'on aille prendre le café dans le jardin sous les rosiers.

— Oui, dit Rodin ; mais mon portrait ? »

Tirant de son gousset une belle montre en or :

« Il est deux heures moins cinq ; la voiture de la comtesse doit venir me chercher à trois heures précises, et mon secrétaire m'a prévenu, ce matin, que je ne peux plus disposer d'une seule minute pendant tout le reste de mon séjour dans le Midi.

— Vite, alors, dit Renoir. Qu'on me porte à l'atelier ! Vollard va me préparer une feuille de papier sur une planche. »

Je m'attardai un peu dans l'atelier ; je voulais voir comment Rodin prenait la pose. Je n'eus pas, finalement, à m'en aller, Renoir n'étant pas gêné de travailler devant quelqu'un ; quant à Rodin, une fois assis, il devint aussi immobile que le Rodin du musée Grévin. A trois heures moins dix, Renoir posa sa sanguine, et demanda une cigarette ; le portrait était terminé.

« J'aurai le temps, dit Rodin, de voir le jardin. Je dispose encore de dix minutes ! »

Mais, au même moment, on frappait à la porte de l'atelier, et un valet de pied parut sur le seuil :

« La voiture de Madame la comtesse attend Monsieur le maître. »

Alors Rodin se tournant vers Madame Renoir, qui entrait :

« Si jamais je reviens dans le Midi, je vous

17

demanderai de faire le tour de votre jardin. J'aime tant la nature ! »

*\
* *

J'accompagnai Rodin jusqu'à l'auto. Le chauffeur tournait sa manivelle sans pouvoir arriver à mettre le moteur en marche.

« Monsieur le maître devra attendre un petit quart d'heure, dit le valet de pied.

— RODIN. Un quart d'heure, j'aurai le temps de voir le jardin. Voilà qui va faire plaisir à Madame Renoir. »

Mais regardant ses souliers vernis, il hocha la tête :

« Et puis, il n'y a rien de très curieux, les mêmes fleurs que l'on voit tout le long du chemin de fer. »

Je profitai de la bonne fortune de ce tête-à-tête pour tâcher d'avoir quelques nouveaux « tuyaux » sur *Rodin intime*.

« Comment organisez-vous votre travail, maître ? commençai-je par demander.

— RODIN. Je me laisse aller à l'inspiration !

— MOI. A quel moment votre cerveau est-il le plus créateur ? A jeun ? Est-ce que pendant la digestion ?...

— RODIN. Je « pense » tout le temps avec la même facilité, et à part une petite sieste...

— Moi. A quel moment de la journée ?

— Rodin. Après le déjeuner. C'est mon médecin lui-même qui, voyant ma chatte s'endormir après avoir bu son bol de lait, me dit : « Il faut faire « comme les animaux. »

— Moi. Je ne me souviens pas d'avoir jamais lu de description de votre chambre à coucher ? Voilà pourtant de quoi tenter la plume de nos plus grands reporters... Votre lit ? Ancien, art nouveau ?

— Rodin. Mon lit est quelconque. Je craindrais une espèce d'acoquinement si je couchais dans un meuble ancien ou simplement de style. J'ai, dans ma chambre à coucher, un objet d'art, car j'éprouve le besoin impérieux d'avoir un peu de beauté où reposer les yeux ; c'est, en l'espèce, un de mes *Bourgeois de Calais*.

— Moi. Quand vous faites votre sieste, est-ce habillé, ou déshabillé ?

— Rodin. Toujours complètement habillé. Si je quittais seulement mon faux col, ce serait une invitation au farniente : or, un artiste n'a pas de temps de reste.

— Moi. Avez-vous le sommeil facile ?

— Rodin. Très facile... Sauf si je suis en gestation de pensées.

— Moi. On dit qu'en regardant fixement un objet brillant on obtient le sommeil.

— Rodin. Les Orientaux regardent leur nombril... Moi, j'ai près de mon lit une boîte à musique que m'a donnée une de mes admiratrices new-yorkaises. Quand le sommeil ne vient pas, je presse un bouton sur le couvercle, et je ne tarde pas à m'endormir d'un sommeil d'enfant.

— Moi. Vous aimez la musique ?

— Rodin. Ah ! Wagner !... Il faut avoir le courage de ses opinions : l'autre jour, on parlait musique, eh bien ! je défendis Wagner devant Saint-Saëns...

— Moi. Je ne connais pas la musique de Saint-Saëns, mais j'ai ouï dire qu'il doit beaucoup à Wagner. D'où vient la haine féroce qu'il porte à son père nourricier ?

— Rodin. Seul, un esprit vraiment original ne se retourne pas contre le maître dont il a tiré sa subsistance. M'avez-vous jamais entendu médire des Grecs, moi ?

— Moi. Je ne vous ai pas demandé, Maître, de quel nom vous aimeriez que la postérité vous appelât ?

— Rodin (avec la modestie si fréquente chez les grands hommes). Ce n'est pas à moi à donner là-dessus une directive. Dirai-je, cependant, qu'à ma dernière exposition à Buenos-Aires, tous les journaux, là-bas, m'appelaient le *Victor Hugo de la sculpture.* Victor Hugo ! Celui-là était entouré de vrais amis qui avaient le souci de la gloire du maître !

*Les tours de Notre-Dame étaient l'H de son nom * !*

« Il n'est aucun de tous ces gens, qui me courent après, qui aurait jamais trouvé quelque chose comme ça pour moi !... La gloire d'avoir son nom accolé pour l'éternité à Notre-Dame !...

— Moi. La gloire... Léon Dierx me parlait, un jour, d'un projet de poème : au refroidissement de la terre, le dernier habitant de la planète, un perroquet, vole à travers l'espace, criant : « Honneurs, « Dignités, la Gloire ! »

— Rodin (sévère). Je parie que « votre » Dierx ne se vend pas ?

— Moi. Je rencontrai Dierx dans les derniers temps de sa vie : « Je suis bien content, Vollard ; « mes œuvres, après trente ans, se vendent assez « pour me faire rentrer dans les frais d'impres- « sion ! »

— Rodin. Vous voyez bien. Ceux-là seuls qui n'ont pas connu la gloire... »

Le chauffeur était enfin venu à bout de son moteur :

« Monsieur le maître peut monter quand il voudra, » dit le valet de pied de la comtesse.

— Moi (pendant que Rodin s'installait dans

* Vacquerie.

l'auto). Encore un mot, maître. A défaut d'épitaphe, avez-vous pris vos dispositions pour l'endroit où vous reposerez ?

— RODIN. J'ai toujours été un homme simple. Un trou dans mon jardin... et surtout, (ici la main à plat du maître fit le geste de décapiter quelque chose) pas de prêtres... Ce ne serait pas la peine d'être les héritiers de la Révolution, les fils du XXe siècle, comme dit mon ami Frantz Jourdain... »

La voiture démarrait. Le visage du grand artiste s'encadra dans la portière :

« Je n'ai pas peur du Diable, moi !... »

XXV

LES ARTISTES DE JADIS

Après le départ de Rodin, je retrouvai Renoir à l'atelier, un album sur les genoux.

— RENOIR. Vous regardez la cheminée de mon atelier ? N'est-ce pas que ce n'est pas trop « toc », quoique moderne ? J'ai découvert ce modèle de cheminée dans cet album, que j'ai acheté chez un marchand de la rue Bonaparte à Paris. Il y a là toutes sortes de motifs de style ancien, depuis les ornements les plus compliqués jusqu'à la moulure la plus ordinaire.

— MOI. Comme vous aimez les choses du temps passé !

— RENOIR. Il y a des gens qui aiment le neuf ; moi, j'aime le vieux. J'aime les vieilles fresques si joyeuses, les anciennes faïences, les tapisseries patinées par le temps... C'est que la patine du temps n'est pas un vain mot ; mais le tout est qu'une œuvre supporte cette patine. Ne peuvent la supporter que les œuvres remarquables. L'art neuf me fatigue et, lorsque je vois au Luxembourg des statues trop blanches et trop mouvementées, j'ai envie de fuir, comme si j'appréhendais de recevoir des coups de pied et des coups de poing... Aussi longtemps que j'ai eu des jambes, rien ne m'était plus agréable qu'une promenade à travers les salles du Louvre ; je ne connaissais pas de plaisir plus reposant. Je retrouvais là, sur tous les murs, de vieux amis, avec lesquels j'aimais rester et auxquels je découvrais toujours des qualités nouvelles...

— Moi. Il est vrai que vous n'admettez pas qu'il y ait eu le moindre progrès, dans la peinture ?

— Renoir. Le progrès en peinture, certes, non, je ne l'admets pas ! Aucun progrès dans les idées, et aucun, non plus, dans les procédés. Tenez, j'ai voulu, un jour, changer le jaune de ma palette ; eh bien ! j'ai pataugé pendant dix ans. Au total, la palette des peintres d'aujourd'hui est restée la même que celle des peintres de Pompéi, en passant par Poussin, Corot et Cézanne : je veux dire qu'elle ne s'est pas enrichie. Les anciens employaient les terres, les ocres, le noir d'ivoire, avec lesquels on peut tout faire. On a bien essayé d'ajouter quelques autres tons ; mais comme facilement on aurait pu s'en passer ! Ainsi, je vous ai parlé de la grande trouvaille qu'on a cru faire en substituant le bleu et le rouge au noir ; mais combien ce mélange est loin de donner la finesse du noir d'ivoire, qui, en outre, n'oblige pas le malheureux peintre à chercher midi à quatorze heures ! Avec une palette restreinte, les peintres anciens pouvaient faire aussi bien qu'aujourd'hui (il faut être poli pour ses contemporains), et, à coup sûr, ce qu'ils faisaient était plus solide.

— Moi. Mais si le peintre ne peut, raisonnablement, rêver une palette nouvelle...

— Renoir. Quel doit être l'objet suprême de son effort ? Cet objet doit être d'affirmer sans cesse et de perfectionner son métier ; mais ce n'est que par la tradition qu'on peut y arriver. Aujourd'hui, nous avons tous du génie, c'est entendu ; mais ce qui est sûr, c'est que nous ne savons plus dessiner une main, et que nous ignorons tout de notre métier. C'est parce qu'ils possédaient leur métier que les anciens ont pu avoir cette matière merveilleuse et ces couleurs limpides dont nous cherchons vainement le secret. J'ai bien peur que ce ne soient pas les théories nouvelles qui nous révèlent ce secret.

« Mais, si le métier est la base et la solidité de l'art, il n'est pas tout. Il y a autre chose, dans l'art des anciens, qui rend leurs productions si belles : c'est cette sérénité qui fait qu'on ne se lasse pas de les voir, et qui nous donne l'idée de l'œuvre éternelle. Cette sérénité, ils l'avaient en eux, non pas seulement par l'effet de leur vie simple et tranquille, mais encore grâce à leur foi religieuse. Ils avaient conscience de leur faiblesse, et, dans leurs succès comme dans leurs revers, ils associaient la divinité à leurs actes. Dieu est toujours là, et l'homme ne compte pas. Chez les Grecs, c'était Apollon ou Minerve ; les peintres de l'époque de Giotto prenaient aussi un protecteur céleste. C'est ainsi que leurs œuvres acquéraient cet aspect de douce sérénité qui leur donne ce charme profond et les rend immortelles. Mais l'homme, dans son orgueil moderne, devait refuser cette collaboration, qui le diminuait à ses yeux. Il a chassé Dieu, et, en chassant Dieu, il a chassé le bonheur...

« Les peintres de ces époques si enviables avaient bien quelques défauts, — heureusement pour eux, — mais, en voyant leurs œuvres qui ont conservé tant de fraîcheur à travers les siècles, on ne leur trouve que des qualités. Ces œuvres qu'on aime toucher du doigt comme de beaux marbres, ces pâtes merveilleuses, ce travail divin, que vous dirai-je, me remplissent de joie. Il y a eu, en France, pendant plusieurs siècles, une lutte à qui aurait le plus de goût et de fantaisie : les châteaux sortent du sol ; les bronzes, les faïences, les tapisseries donnent l'idée d'un travail de fées ; chacun veut coopérer, par la terre, par le bois, par le fer, par la laine, par le marbre, à la richesse de la France. Tout a été beau chez nous jusqu'à la fin du xviiie siècle, depuis le château jusqu'à la plus humble chaumière. Il faut voir les albums du Musée du Trocadéro, pour se faire une idée de la force de ces artistes, de la fermeté du dessin dans les plus petits détails, jusque dans un verrou, jusque dans un bouton de porte ! Ils ne travaillaient pas pour exposer au Salon, ceux-là !

« Le mal que les Salons peuvent faire, c'est pas croyable ! Vous avez entendu cette dame, l'autre jour : « Mon fils a attrapé la manière du « Salon d'Automne... » Ce n'est pas vous, Vollard, qui m'avez raconté qu'au Salon d'Automne, justement, on avait refusé Matisse ? C'est curieux comme ça repousse les gens, quand ils trouvent dans une peinture des qualités de peintre. Un qui doit les horripiler par-dessus tout, le douanier Rousseau ! Cette *Scène des temps préhistoriques*, et, au beau milieu, un chasseur vêtu d'un complet de la *Belle Jardinière* et portant un fusil... Mais, d'abord, est-ce qu'on ne peut pas jouir d'une toile avec seulement des couleurs qui s'accordent ? Est-il besoin qu'on comprenne le sujet ? Et quel joli ton, cette toile de Rousseau ! Vous rappelez-vous faisant face au chasseur un nu de femme ?... Je suis sûr qu'Ingres lui-même n'aurait pas détesté ça!

— Moi. Comment l'artisan de jadis a-t-il pu disparaître tout d'un coup ?

— Renoir. D'où vient cet arrêt brusque ? Un

ouvrier menuisier me l'a expliqué, un jour, sans le vouloir. « Monsieur, je fais les pieds de chaises ; un « autre fait les dos, d'autres assemblent ; mais aucun « de nous n'est capable de faire une chaise entière. »

« Voilà tout le secret ! Ne pouvant jouir de son œuvre, l'ouvrier a perdu le goût au travail. Il était celui qui frappait le fer, qui faisait son vase, ses meubles ; il savait travailler le bois, la pierre, le marbre. Il est devenu l'homme de peine qui besogne uniquement pour « croûter », sans idéal, la cervelle bourrée, par surcroît, d'une masse d'idées étrangères à sa tâche et avec, par-dessus tout, l'horreur de l'atelier, où vous n'entendez plus rire, ni chanter. Enfin, l'ouvrier est tué par le progrès et la science !

« Où est la puissance capable d'endiguer ce torrent qui nous submerge ? Cette folie est la folie de tous ; rien ne peut l'arrêter, et cependant le bonheur ne peut revenir qu'avec le travail, mais le travail qui fait le bonheur, le travail lent de la main.*

---

* Mais Renoir ne se fait-il pas des illusions quand il pense que si l'ouvrier pouvait jouir de son œuvre il aurait le goût du travail ? Je voyais un jour dans un atelier un peintre qui faisait tirer un album d'eaux fortes. « Je mettrai votre nom dans l'achevé d'imprimer, disait-il à l'ouvrier : vous jouirez de votre œuvre. »

— « Ça, je m'en fous ! »

Alors, essayant de le prendre par un autre bout : « Une épreuve avec des noirs qui relèvent bien : c'est une vraie

« Verrons-nous, un jour, le retour à la tradition ? Il faut l'espérer, mais sans y croire beaucoup.

jouissance à l'œil. Hein, mon ami, quand vous êtes à votre presse... » Il s'arrêta, car l'ouvrier lui avait jeté un mauvais regard. Et quand il eut quitté l'atelier, l'autre avec un coup de menton du côté des copains :

— « Les salauds de bourgeois, il faudrait encore que le peuple les fasse jouir ! »

Il convient d'ajouter que lorsqu'un ouvrier apporte du goût à son travail... J'ai connu dans une ville de province, à Saumur, un atelier avec un patron qui est arrivé à rendre à ses ouvriers le travail « amusant ».

A une exposition d'Angers, l'atelier N... avait exposé une vitrine d'objets en fer forgé.

Quand la commission passa devant :

« Comme c'est gai ces choses ! » fait l'un d'eux.

Et un autre membre du Jury :

« Je parie qu'ils ont fait ça pour s'amuser. Ça ne sent pas l'effort. » (Tout à fait ce qu'on a toujours reproché à Renoir.)

Mais comme sa vitrine avait eu tout de même du succès, N... s'enhardit à demander une subvention à l'État — très peu de chose, seulement pour le principe.

On enquête sur son compte et la première chose qu'on lui demande :

« Pour qui votez-vous ?

— Vous ne répondez pas ? c'est que vous votez mal. Et quel est votre syndicat ?

— Ah ! vous votez mal et vous n'êtes pas syndiqué ! Et parions que votre femme va à la messe ? Bon à savoir ; et c'est pour ça que vous demandez une subvention ? »

Comme N... faisait remarquer que rien de tout cela n'avait de rapport avec le travail du fer.

« Pas de rapport ? Eh bien ! vous verrez ça le jour où les camarades, à force d'être provoqués, viendront tout casser chez vous ! »

Depuis qu'a passé ce vent de la Révolution qui a
tout desséché, nous n'avons plus ni céramistes, ni
menuisiers, ni fondeurs, ni architectes, ni sculpteurs. Par chance, il est resté quelques peintres, qui
sont comme des graines jetées dans un champ
abandonné, mais qui germent quand même...

Ouvrez donc la fenêtre, Vollard, que le soleil entre
dans l'atelier. Vous voyez, auprès de la fontaine ce
massif de roses... n'est-ce pas que cela appelle un
Maillol! C'est Jeanne Baudot qui me dit un jour :
« Je vais vous faire voir quelque chose que vous
aimerez. » Nous allons à Marly, et nous trouvons
Maillol travaillant dans son jardin à une statue.
Il cherchait sa forme, sans aucune mise au point ;
c'était la première fois que je voyais ça. Les
autres s'imaginent se rapprocher de l'antique en
le copiant ; Maillol, lui, sans rien emprunter aux
anciens, est tellement leur enfant qu'à voir « venir »
sa pierre, je cherchais autour de moi des oliviers...
Je me croyais transporté en Grèce. »

XXVI

LES DERNIÈRES ANNÉES

Peu de jours après la visite de Rodin, mon portrait était presque entièrement terminé *.

« Encore une petite séance, m'avait dit Renoir, et j'aurai fini ! »

Mais il ne put m'accorder cette séance tout de suite.

C'est que Renoir est encore plus « pris » à Cagnes qu'à Paris, car, à la campagne, lorsque le temps est beau, il aime sortir un peu. A Essoyes, où il n'y a presque pas d'autos, il va dans une poussette, sur la route ou au bord de la rivière ; à Cagnes que sillonnent sans cesse les voitures, il se fait porter dans un fauteuil à bras, à travers sa propriété aux aspects si plaisants dans leur diversité : le champ de rosiers, les carrés de mandariniers et d'orangers, la vigne, le *Terrain Fayard* avec ses

* Renoir fit encore un portrait de moi après celui-là. Cette fois, je posai dans un costume de toréador (Essoyes, 1917).

néfliers du Japon, ses cerisiers, et, dominant les Collettes, les oliviers tout en argent.

« J'ai bien le droit maintenant, se plaît à dire Renoir, de flâner un peu. »

C'est de ces flâneries que sont sorties tant d'extraordinaires notations de paysages ; car il va sans dire que le modèle suit toujours avec la boîte à couleurs.

Pendant qu'il faisait le portrait de Madame de Galéa qui lui demanda une cinquantaine de séances, et qui le passionna à tel point qu'il le mena sans discontinuer jusqu'au bout, un jour qu'il travaillait à l'atelier par un temps exceptionnellement chaud :

« Je paie cher, disait-il, le plaisir que j'ai avec cette toile, mais c'est si délicieux de se laisser aller à la volupté de peindre ! »

Et puis, quand le temps se met au froid, et que sa peau de bique ne suffit plus à le protéger, il reste à Renoir les promenades en automobile. Antibes surtout exerce sur lui un attrait irrésistible. Lorsqu'il fait le tour de la corniche, les collines environnantes avec leur atmosphère de si pénétrante douceur lui donnent une sensation de quiétude toujours renouvelée.

« Il faut que je m'installe ici, deux mois, pour peindre !·» s'écria-t-il un jour qu'il était particulièrement grisé par le charme du paysage.

Et, tout de suite, oubliant la nécessité où ses

rhumatismes le mettaient de vivre dans une maison spécialement aménagée en « couveuse », il donne l'ordre au chauffeur de s'arrêter chaque fois qu'on verrait : *Villa à louer.*

C'était le médecin lui-même qui recommandait à Renoir d'être dehors le plus de temps possible.

« Rien ne vaut pour nettoyer les bronches que de respirer à l'air, » disait-il à son malade.

Et quand le médecin ordonne une chose qui lui plaît, Renoir suit à la lettre la prescription.

C'est ainsi que la pluie tombant à verse, un jour qu'on avait projeté d'aller manger une bouillabaisse à Nice :

« Bah ! fait Renoir, le médecin a dit que, dehors, je respire mieux que dedans... Et puis maintenant que j'ai dépassé soixante-quinze ans, je ne veux plus qu'on m'embête ! Qu'on me porte dans la voiture ! »

Lorsque Renoir acheta les Collettes, il ne fit pas faire tout de suite de route pour son auto. Madame Renoir prenait la voiture au bas de la côte, et Renoir se faisait descendre et monter dans son fauteuil.

« C'est peut-être un peu incommode, disait-il, mais ceux qui m'aiment pour moi-même feront bien un petit effort pour venir me voir, et, quant aux « raseurs », cet excellent raidillon en arrêtera quelques-uns. »

Mais une fois arrivés dans ce Midi si désiré, les Parisiens des deux sexes s'ennuient au point qu'il n'est pas de raidillon qu'ils ne soient prêts à grimper pour « tuer le temps ». C'est dire que dès qu'il fut installé aux Collettes, Renoir retrouva sa fidèle clientèle de « raseurs » de Paris, renforcée de maint élément nouveau.

Je me rappelle ce jour où je voyais Renoir, sous le gros tilleul, dans le jardin, une longue baguette à la main, dictant au praticien les volumes de sa *Vénus victorieuse*.

« Je tiens enfin ma statue ! Avec cet admirable temps, je vais pouvoir travailler dehors tout l'après-midi !

— Pourvu que vous ne soyez pas dérangé ! hasardai-je.

— Oh ! quant à ça, je voudrais bien voir que quelqu'un eût le toupet... »

Il n'avait pas terminé sa phrase qu'une automobile amenait trois dames inconnues.

« Le portier du Palace de Nice, explique l'une d'elles, nous a dit qu'à Cagnes il y avait à voir l'atelier de Renoir.

— Mais, lança à son tour une autre des voyageuses s'efforçant à plaire, si le maître est occupé, nous pouvons attendre un peu ! »

Et, dans le dos de Renoir, les trois voyageuses se communiquaient leurs impressions sur la *Vénus*.

Renoir tenait bon, quand arriva une autre visite :
M. Z..., un gros marchand de grains ; il était accompagné d'une jeune femme. Cette fois Renoir dut
lâcher sa statue.

Une des trois dames de Nice dit qu'elle avait à
Paris un salon littéraire et artistique :

« Si le maître voulait venir à un de mes jours,
j'organiserais une petite « causerie » sur la peinture
en avant...

— Mais pourquoi tu restes sans rien dire, toi ?
fit la compagne de M. Z... à son oreille, assez haut
pour que j'entendisse.

— Je cherche ! »

Et il finit par trouver ; car, s'adressant à Renoir :

« Maître, si vous faisiez de l'aquarelle au lieu
de peindre à l'huile, vous ne manqueriez pas de
quoi préparer vos couleurs avec toute cette eau
qui nous est tombée du ciel pendant huit jours. »

Et comme Renoir hochait la tête :

« Ce que vous devez vous embêter, dans ce trou !

— RENOIR. J'ai ma peinture... »

Alors M. Z... : « La peinture... Je sais ce que
c'est, j'en fais ! »

Quand tout le monde fut parti, Renoir commençait à fermer les yeux (car une visite le fatigue
plus qu'une séance de modèle), lorsque le facteur
apporta une lettre.

Renoir la lisait, un peu indifférent ; puis tout à coup :

« Voilà un ami ; il va jusqu'à s'inquiéter si l'on a retrouvé le chien de Jean !... Ses filles sont en train de me tricoter une couverture... »

Et le visage de Renoir s'assombrit :

« Ce n'est pas moi qu'on aime, c'est ma peinture... M. Y... me rappelle des tableaux qu'il désire... »

Et avec une grande tristesse dans la voix :

« Je suis « arrivé » comme aucun peintre de son vivant ; les honneurs me tombent de partout ; les artistes me font des compliments sur ce que je fais ; tant de gens à qui ma situation doit paraître enviable... Et je ne puis pas me payer un ami ! »

APPENDICE

———

Renoir mourut à Cagnes le 17 décembre 1919. D'une lettre adressée par un de ses fils à M. Durand-Ruel nous extrayons ces quelques lignes :

Mon père venait d'avoir une broncho-pneumonie qui avait duré quinze jours. Les derniers jours du mois dernier il semblait remis et avait repris son travail quand, subitement, le 1er décembre, il s'est senti assez mal. Le médecin constata une congestion pulmonaire, plutôt moins grave que celle de l'année dernière. Nous ne pouvions supposer une telle issue. Les deux derniers jours, il a gardé la chambre, mais ne s'est pas alité constamment.

Il disait bien de temps en temps : « Je suis foutu », mais sans conviction, et il l'avait dit bien plus souvent il y a trois ans. Les soins constants l'irritaient un peu et il ne cessait de s'en moquer.

Le mardi, il s'est couché à sept heures après avoir fumé tranquillement une cigarette.

Il voulait dessiner un modèle de vase, mais on n'a pas trouvé de crayon. A huit heures, il s'est mis subitement à délirer légèrement.

Nous en avons été très étonnés et sommes passés d'une confiance relative à la plus grande appréhension. Son délire a augmenté. Le médecin est venu. Mon père s'est agité jusqu'à minuit mais n'a pas souffert un instant. Il ne s'est sûrement pas douté qu'il allait mourir.

A minuit, il s'est tranquillisé et, à deux heures, s'est éteint bien doucement.

INDEX

Actéon (myth.), 250.
Adam (Juliette), 99.
Anna (modèle), 79.
Anthony (la mère), 40, 41, 42.
Astruc, 87.
Aurevilly (Barbey d'), 100.

Balzac, 15, 32.
Baptistin (le jardinier de Renoir), 226.
Barrail (le général du), 63.
Bartholomé, 254.
Bazille, 25, 26, 32, 56, 87.
Beethoven, 121.
Bellio (de), 78, 85.
Benoît XV, 250.
Bérard, 57, 76, 109, 173.
Bergerat, 100.
Bergson (Henry), 245.
Berlioz, 140.

Bernard (Émile), 147, 162.
Bernhardt (Sarah), 110.
Bernheim Jeune, 124, 232.
Bernstein (Henry), 225.
Besnard (Albert), 190.
Bibesco (le prince), 62.
Blanc (Charles), 148.
Bonnat (Léon), 81, 168, 221.
Bonnières (Mme de), 143, 145.
Bonnières (Robert de), 119, 143.
Bonnington, 155.
Boucher (François), 19, 98, 152.
Bouchor (Félix), 74.
Bouguereau, 27, 76, 220.
Boulangère (la), bonne de Renoir, 189.
Bracquemond, 97.
Briand (Aristide), 181.

INDEX

Brun, 8.
Bruyas, 43.
Burty, 104.

Cabanel, 30, 35, 46.
Cabaner, 33, 88.
Cadard, 93.
Caillebotte, 33, 64, 76, 78, 153, 170.
Camondo (le comte Isaac de), 210 et suiv.
Carpaccio, 113.
Carpeaux, 94, 95.
Cennino-Cennini, 141.
Cézanne, 32, 33, 34, 41, 84, 85, 88, 98, 122, 123, 147, 217, 222, 264.
Cézanne, père du peintre, 34.
Chabrier, 107, 119.
Challemel-Lacour, 106.
Chardin, 20.
Charpentier (Mme), 97 et suiv.
Charpentier (l'éditeur), 97 et suiv.
Chasseriau, 65, 242.
Chauchard, 210.
Chéramy, 119, 167, 168.
Chevreul, 132.
Chicot (personnage d'un roman de Dumas père), 13.
Chocquet (Mme), 83, 84.

Chocquet, 83, 84, 85, 98, 209.
Clapisson (Mme), 99.
Clemenceau, 254.
Clementel, 176.
Clot (Auguste), 255.
Coignet, 221.
Constable, 156, 157.
Coquelin (les frères), 97.
Cordey (Mme), 74.
Cormon, 53, 54, 147.
Corot, 26, 34, 65, 73, 116, 117, 136, 140, 157, 166, 167, 241, 264.
Couperin, 121.
Courbet, 34, 42, 43, 44, 45, 46, 47, 65.
Couture, 47, 65, 91.

Darras (le capitaine), 62.
Daubigny, 69.
Daudet (Mme), 86.
Daudet (Alphonse), 86, 97.
Daumier, 34, 45, 46, 47.
David, 37, 65.
Degas, 44, 63, 88, 90, 91, 92, 93, 94, 95, 96, 103, 211, 245.
Delacroix (Eugène), 11, 27, 45, 46, 64, 65, 83, 86, 139, 140, 242.
Delaroche, 220.
Demont-Breton, 101.

Desgoffe (Blaise), 88.
Desjardins (Abel), 177.
Deudon, 76, 80.
Diaz, 26, 29, 30.
Dierx (Léon), 191, 192, 261.
Donatello, 116.
Doria (le comte), 172.
Dorival, 173.
Douay (le général), 55.
Dujardin-Beaumetz, 91.
Dumas père, 206.
Dumas fils, 13, 110.
Dumont (Henri), 36.
Dupré (Jules), 68, 69.
Duran (Carolus), 76, 84.
Durand-Ruel, 63, 70, 76, 94, 123, 207, 276.
Duranty, 137.
Duret (Théodore), 221.

Écorcheville, 119.
Edwards (Mme), 198.
Ellen-André, 35, 109.
Ephrussi, 76, 82, 103.

Falguière, 247.
Fantin-Latour, 63, 87.
Flammarion (Camille), 251.
Flaubert (Gustave), 97, 102.
Fleury (Mlle), 123.
Fournaise, 48, 49.

Fragonard, 20, 166.
Franc-Lamy, 79, 86, 109.
France (Anatole), 246.
François Ier, 231, 251.
Frey (Mme), 238.

Gabrielle (bonne de Renoir), 7, 12, 13, 170, 172, 186 et suiv.
Galéa (Mme de), 272.
Gallimard, 117, 145, 162, 235.
Gambetta, 105, 107.
Gauguin (Paul), 162, 163.
Gautier (Théophile), 102.
Gautiez (Henri), 124.
Géricault, 45.
Gérome, 46.
Gervex, 115, 153.
Giorgione, 138.
Giotto, 266.
Gleyre, 24, 25, 26.
Gloanec, 162.
Goncourt (Edmond de), 97, 98, 99.
Goujon (Jean), 17, 18.
Gounod, 16, 56.
Goya, 67, 150.
Granier (Jeanne), 110.
Greco (le), 146.
Grétry, 121.
Guillemet, 91, 97, 98, 101, 102.
Guitry (Sacha), 203.

Haan (de), 163.
Hazard, 82.
Henner, 105, 241.
Hervieu (Paul), 109.
Hobbema, 137.
Holbein, 211.
Hugo (Victor), 13, 260.
Hulot (le baron), personnage de Balzac, 16.
Huysmans (J.-K.), 103, 115, 142.

Ingres, 45, 46, 64, 65, 239, 240, 241, 242, 267.

Jongkind, 26, 71, 72, 128.
Jonkofsky, 117, 118.
Jourdain (Frantz), 213, 214, 262.
Julia, 162, 163.

La Fontaine, 230.
Lancret, 19.
Laporte, 25, 35, 36, 37.
Lascoux, 117, 119.
La Touche, 214.
La Tour, 237.
Laurent (Ernest), 134.
Lauth, 82, 112, 113, 123, 226.
Lautrec, 92.
Lecœur, 35, 40.
Lecomte du Nouy, 37.

Lecomte (Georges), 126, 127, 129, 138, 245.
Legros (Alphonse), 45.
Lepic (le comte), 92.
Lestringuès, 82, 111.
Loïe Fuller (la), 251.
Lorrain (Claude), 34, 155, 156, 157.
Louise (la grande), bonne de Renoir, 11, 189, 226.
Louison (modèle de Renoir), 199.
Louis-Philippe, 163.
Louis XIV, 159.

Machin, dit le père Machin, 187 et suiv.
Machin, dite la mère Machin, 187 et suiv.
Madeleine (modèle de Renoir), 226.
Maillol (Aristide), 225, 270.
Maître, 59, 87, 119.
Mallarmé (Stéphane), 256.
Manet, 7, 8, 30, 32, 42, 44, 46, 47, 66, 67, 74, 87, 131, 216.
Manet (Mlle), 141.
Marguerite (modèle de Renoir), 78.
Marie-Antoinette (la reine), 17.

Marneffe (Mme), personnage de Balzac, 16.
Martin, dit le père Martin, 71, 72, 73.
Matisse (Henri), 267.
Mauclair (Camille), 126, 127, 128, 129, 130, 245.
Maupassant (Guy de), 48, 99.
Meissonier, 163.
Mercié (Antonin), 139.
Meyerbeer, 118.
Michel-Ange, 116, 148, 149, 255.
Milan (le roi), 222, 223, 224.
Millet (Jean-François), 68, 69.
Mirbeau (Octave), 132, 255.
Monet (Claude), 25, 26, 43, 45, 64, 66, 67, 74, 82, 85, 87, 88, 90, 91, 127, 128, 153, 216, 217.
Moreau (Gustave), 28, 103.
Morizot (Berthe), 82, 165, 166.
Mounet-Sully, 12.
Murger (Henry), 41.

Nana (servante d'auberge), 40.
Napoléon III, 31.
Natanson, 9.

Nattier, 237.
Nini (modèle de Renoir), 78.

Papillon (Mme), 49.
Pelletan (Camille), 236.
Pertuiset, 87.
Petit (Georges), 142.
Picot, 220.
Pillet-Will, 76.
Pilon (Germain), 18.
Pissarro (Camille), 32, 128, 153.
Pompadour (Mme de), 50.
Portier, 73.
Poupin, 108.
Poussin, 151, 154, 264.
Prudhon, 44.
Psyché (myth.), 230.
Pujol (Abel de), 46, 221.
Puvis de Chavannes, 164.

Raphael, 10, 115, 148, 230.
Regnault (Henri), 41.
Rembrandt, 93, 94, 138, 155, 157, 158, 160.
Renoir (Claude), fils du peintre, 188, 203.
Renoir (Edmond), frère du peintre, 100.
Renoir (Mme), femme du peintre, 7, 8, 10, 170 et s.

RENOIR (Pierre et Jean, fils du peintre), 173, 178.
RENOIR (un sabotier), 15.
RENOUARD, 211, 212.
RIBÉRA, 137.
RODIN, 95, 232, 233, 248 et suiv.
ROGER-MARX, 133.
ROPS (Félicien), 100, 103.
ROSNY (J.-H.), 246.
ROTHSCHILD (baron de), 8, 80, 216.
ROUART (Henri), 73.
ROUJON (Henry), 152, 153.
ROUSSEAU (le douanier), 267.
ROUSSEAU (Théod^re) 157.
RUBENS, 129, 151, 160, 161.
RUYSDAEL, 137, 138.

SAINT-MARCEAU, 254.
SAINT-SAENS, 119, 120, 214, 260.
St VINCENT DE PAUL, 23.
SAMARY (Mlle), 79, 109.
SARLIN, 222.
SCHOLDERER, 87.
SCHOLL (Aurélien), 87.
SEM, 220.
SEURAT (Georges), 132, 133.
SHAKESPEARE, 239.
SIGNOL, 26, 27.
SISLEY, 25, 26, 30, 40, 82, 153.

SPULLER, 97, 105.
STENDHAL, 10.

TANGUY (le père), 126.
TENIERS, 159.
THÈBES (Mme de), 251.
TINTORET (le), 126.
TITIEN (le), 19, 117, 137, 138, 151, 167, 207, 251.
TOTO (caniche), 40.
TOURGUENEV, 99.
TURNER, 128, 155, 157.

VALADON (Suzanne), 81.
VAN GOGH, 149.
VÉLASQUEZ, 67, 100, 138, 146, 147, 148, 149, 150, 151, 157, 207.
VERMEER DE DELF, 121.
VÉRONÈSE (Paul), 132.
VIOLLET-LE-DUC, 235.
VOLLON (Antoine), 88.

WAGNER, 117, 118, 119, 120, 122, 168, 214, 228, 260.
WATTEAU, 19, 127, 158, 207.
WOLFF (Albert), 87, 88.
WYZEVA (Th. de), 119, 142, 143.

ZANDOMENEGHI, 96, 99.
ZOLA (Émile), 87, 97, 98, 101.

TABLE DES MATIÈRES

		Pages.
Avis au lecteur.		5
I. — Comment je fis la connaissance de Renoir (1894)		7
II. — Les débuts		15
III. — L'atelier de Gleyre		25
IV. — Le cabaret de la mère Anthony.		40
V. — La Grenouillère		48
VI. — Pendant la guerre de 70 et sous la Commune.		55
VII. — Les expositions des Impressionnistes.		62
VIII. — Les acheteurs sérieux		75
IX. — Le café Guerbois, la Nouvelle Athènes, le café Tortoni		87
X. — Le salon de Madame Charpentier		97
XI. — Les premiers voyages		111
XII. — Les théories « impressionnistes ».		125
XIII. — La manière « aigre » de Renoir.		135
XIV. — Le voyage en Espagne		145
XV. — Londres, la Hollande, Munich		155
XVI. — Renoir à Pont-Aven.		162
XVII. — Le portrait de Madame Morisot.		165
XVIII. — La famille		170

XIX. — Essoyes, Cagnes 179
XX. — Les modèles et les bonnes. 186
XXI. — Renoir et les amateurs 203
XXII. — Une figure de « grand amateur » . . . 210
XXIII. — Renoir fait mon portrait (1915). . . . 225
XXIV. — Le déjeuner avec Rodin. 248
XXV. — Les artistes de jadis 263
XXVI. — Les dernières années. 271

APPENDICE 277
INDEX 279

LES ÉDITIONS G. CRÈS & CIE

21, rue Hautefeuille — PARIS, VIe

EXTRAIT DU CATALOGUE GÉNÉRAL

CHARLES BAUDELAIRE. — **Les Fleurs du Mal.** Edition critique, revue sur les textes originaux et manuscrits, accompagnés de notes et variantes et publiés par AD. VAN BEVER. 4 portraits en phototypie . . . . . 6 »

— **Le Spleen de Paris** (Petits poèmes en prose) . . . 6 »

— **Journaux intimes** . . . 6 »

HENRY BATAILLE. — **Écrits sur le théâtre** . . . . »

— **Le Phalène** . . . . 7 »

— **Les Sœurs d'Amour** . . . . 7 »

LÉON BLOY. — **Jeanne d'Arc et l'Allemagne.** . . »

— **Le Salut par les Juifs** . . . . . 6 »

— **Constantinople et Byzance.** . . . 6 »

CARTON DE WIART. — **La cité ardente.** 2 50

G. K. CHESTERTON. — **Les Crimes de l'Angleterre,** traduit par Charles Grolleau . 3 »

GEORGES CLEMENCEAU. — **Au pied du Sinaï** . . . . 6 »

E. DE CLERMONT-TONNERRE. — **Almanach des bonnes choses de France** . 7 »

COLETTE (COLETTE WILLY). — **Dans la Foule** . . . 3 »

AUGUSTE COMTE. — **Pages choisies** . . . . 6 »

HENRY CORMEAU. — **Folklore angevin. Terroirs mauges.** — I. *Glossaire.* — II. *Contes, devinailles, chansons, coutumes, etc., etc.,* 2 vol. 13 20

FRANÇOIS DE CUREL, de l'Académie française : **Discours de réception à l'Académie Française** 2 20

François de Curel (de l'Académie Française). —
Théâtre complet (6 vol.).

Parus :   I. *La Danse devant le miroir.* — *La Figurante* . . . . **6** »

II. *L'Envers d'une Sainte.* — *Les Fossiles* . . . . , . . . **6** »

III. *L'Invité.* — *La Nouvelle Idole* . . **6** »

IV. *Le Repas du Lion.* — *La Fille sauvage* **6** »

V et VI sous presse.

Édouard Drumont. — **Sur le chemin de la vie** . . **3** »

R.-W. Emerson. — **Hommes représentatifs.** (Les Surhumains) . . . . **6** »

Élie Faure. — **La Roue,** roman . . . . **6** »

— **La Sainte Face** . . . . **6** »

— **La Conquête** . . . . **6** »

— **La Danse sur le feu et sur l'eau.** **6** »

— **Histoire de l'Art :**

Tome I. *L'Art Antique* . . . . **30** »

II. *L'Art médiéval* (en réimpression).

III. *L'Art renaissant* (en réimpression).

IV. *L'Art moderne* . . . . **30** »

Daniel de Foé. — **Moll Flanders,** traduit par Marcel Schwob . . . . **6** »

— **Lady Roxana ou l'heureuse maîtresse,** traduit par Georges Garnier . . . . **6** »

Paul Gauguin. — **Lettres de Paul Gauguin à Daniel de Montfreid** **7 50**

Gustave Geffroy. — **Nouveaux contes du pays de l'Ouest.** . . . . **6** »

— **Notre Temps,** Scènes d'histoire. . **6** »

— **Notre Temps.** Années de la guerre. **7** »

— **Clemenceau.** (Huit illust. par Rodin, Manet, etc.) . . . . **6** »

— **Constantin Guys, l'Historien du second Empire.** Avec 34 reproductions . . . . **66** »

Paul Géraldy. — **La Guerre, Madame** . . . . . **2** »

Remy de Gourmont. — **La Belgique littéraire.** . .   2 »

— **Les Idées du jour.** Tome I, Octobre 1914-Avril 1915. Tome II, Mai 1915-Septembre 1915. 2 vol. .   6 »

O. Henry. — **Contes** . . . .   6 »

J.-K. Huysmans. — **Marthe.** Illustrations de Bernard Naudin . . . .   6 »

Gustave Kahn. — **La Femme dans la Caricature française.** (448 illustrations dans le texte et 72 hors texte en noir et en couleurs).   40 »

André Maurel. — **Le Tour de l'Angleterre** . . .   7 »

Pierre Mille. — **Le Bol de Chine, ou Divagations sur les Beaux-Arts.** 3 75

Albert Nast. — **L'Enfant dans la lumière.** Illustr. en couleurs de Guy Arnoux, musique d'Andrée Fœgeli . . . .   22 »

Gérard de Nerval. — **Sylvie.** Bois originaux de P.-E. Vibert . . . .   35 »

Jules Renard. — **Les Cloportes** . . . .   6 »

Gonzague de Reynold. — **Charles Baudelaire.** . .   14 »

André Salmon. — **L'Art vivant.** Avec 12 phototypies.   9 »

Gustave Simon. — **Histoire d'une collaboration.** Alexandre Dumas et Auguste Maquet. . . . .   6 »

Gabriel Soulages. — **Les plus jolies roses de l'anthologie grecque** . . . .   6 »

Stilgebauer. — **Inferno.** Roman interdit en Allemagne pendant la guerre. . . . . , . .   6 »

Louis Thomas. — **L'Esprit d'Oscar Wilde** . . . .   6 »

Ernest Tisserand. — **Contes de la Popote** . . . .   6 »

— **Pour les Finances d'un dictateur** . . . , ...   7 »

P.-J. Toulet. — **Comme une Fantaisie** . . . . .   6 »

— **Les Contes de Behanzigue** . . .   27 50

Robert Vallery-Radot. — **L'Homme de douleur.** .   3 30

Jean Variot. — **Les Hasards de la Guerre** . . .   6 »

— **Le Sang des Autres** . . . . . .   6 »

Villiers de l'Isle-Adam. — **Nouveaux contes cruels**.　6 　»

—　**Chez les Passants** . . .　6 　»

Gilbert de Voisins. — **L'Esprit impur** . . . . . .　6 　»

Ambroise Vollard. — **Paul Cézanne.** Avec 8 phototypies . . . .　**7 50**

Léon Werth. — **Voyages avec ma pipe.** . . . .　**7** 　»

Israel Zangwill. — **Les Enfants du Ghetto** . . .　6 　»

—　**Ce n'est que Mary-Ann**. . .　6 　»

—　**Les Rêveurs du Ghetto.** T. I.　6 　»

—　**Les Rêveurs du Ghetto.** T. II.　**7** 　»

—　**'Had Gadya** . . . .　**2** 　»

ANTHOLOGIES

Anthologie des Ecrivains belges, par L. Dumont-
Wilden. 2 vol. . . . .　**12** 　»

**Anthologie des écrivains catholiques. Prosateurs
français du XVIIᵉ siècle** par Henri Bremond
et Charles Grolleau . . . .　6 　»

Anthologie Franciscaine du Moyen-Age, translatée
et annotée par Maurice Beaufreton . . . . .　**8 50**

Anthologie de la Poésie catholique, de Villon
jusqu'à nos jours, par Robert Vallery-Radot . .　6 　»

Anthologie des Poètes russes contemporains,
par Jean Chuzeville. . . . .　6 　»

Anthologie protestante française (xviᵉ et xviiᵉ s.)
recueillie et publiée sous la direction de Raoul
Allier . . . .　6 　»

— Id. — (xviiiᵉ et xixᵉ s.) . . . .　**7** 　»

De qui est-ce ? *Recueil de morceaux choisis d'écrivains
célèbres* à lire tout haut pour en faire deviner les
auteurs. Préface de Paul Reboux. **Véritable jeu
de société.** 1 vol. avec la clef . . . .　6 　»

LES ÉDITIONS G. CRÈS & Cie